30일 완성!!

한자능력검정시험

권주연 지음 | 정후수 감수

7급

도서출판 장락

본 교재는 (사)한국어문회가 주관하고 한국한자능력검정회에서 시행하는 한자자격 급수별 시험에 대비하여 엮은 것입니다. 漢字를 공부하는 학생이나 사회인들에게 漢字語의 이해와 활용능력을 신장시켜 폭넓은 사고력을 증진시키며 국어의 올바른 사용과 교과서 한자어의 이해력을 도와 학습능력을 향상시키는 데 목적을 두고 엮은 문제집입니다.

사람들은 한문 공부가 어렵고 따분하다는 선입견을 갖고 있습니다. 필자는 대학 강단에서 이런 문제로 어려움을 호소해오는 수많은 학생들을 대하면서 재미있고도 쉽게 공부하며 한자시험 자격증을 딸 수 있는 교재를 만들어보고자 연구를 하였습니다.

본 교재는 한자능력검정시험에 응시하고자 하는 학생들이나 사회인들이 보다 쉽고 효율적으로 학습할 수 있도록 기존의 교재들과는 전혀 다른 새로운 형식을 시도하였습니다. 즉 자격시험에 대비하여 기초부터 실전 모의고사 문제까지의 과제를 30일 과정으로 나누어 구성을 하였습니다. 본 교재에서 제시한 30일 과정의 과제를 하루하루 꾸준히 성실하게 실천해 나간다면 틀림없이 합격의 영광을 얻을 수 있을 것입니다.

1. 기초학습에서는 六書와 部首를 실어 한자 학습의 기초를 다졌습니다.
2. 올해 처음 시행되는 필순 유형에 대비하여 배정한자마다 筆順을 표시해주어 정확한 한자를 익힐 수 있도록 쓰기 연습란을 두었습니다. 본 교재에서 정해준 과제대로 매일 쓰기연습을 하면 지루하지 않게 정확한 漢字 익히기를 할 수 있습니다.
3. 유형별 기출문제 실전연습에서는 최근 기출문제를 유형별로 완전 분석하여 출제함으로써 본 시험에 철저히 대비할 수 있도록 하였습니다.
4. 실전 모의고사 문제는 최근 기출문제를 분석하여 본시험에 가깝게 난이도를 조정하여 총 10회까지 엮었습니다. 출제된 문제들은 모두 급수별 실제 문항수와 같으며 정답과 답안지는 별도로 마련하였습니다. 실전모의고사 문제를 풀 때에는 본 시험에서 사용하는 것과 같은 답안지를 잘라 사용하도록 함으로써 한자능력검정시험에 대한 적응력을 배려하였습니다.

본 교재는 한자능력검정시험을 대비하여 가장 많은 문제를 수록한 대표적인 수험서라고 할 수 있습니다. 한자능력검정시험에 응시하고자 하는 학생들이나 사회인들에게 좋은 동반자가 될 수 있을 것이라 확신합니다. 본 교재로 목적하시는 바의 성과를 거두시기 바랍니다.

차례

한자능력검정시험안내

❊ 한자능력검정시험이란

　사단법인 한국어문회가 주관하고 한국한자능력검정회가 시행하는 국내 최고의 한자능력검정시험입니다. 1992년 12월 9일, 제1회 시험을 시작으로 2001년 1월 1일 이후 국가공인 자격시험(1급~3급Ⅱ)으로 치러지고 있습니다. 한자 급수제를 통해 개인별 한자능력을 객관적으로 평가하고 이를 인정하여 진학과 취업시험 등에 활용할 수 있도록 하는 데 그 목적이 있습니다.

　한자능력검정시험은 초·중·고·대학생과 일반인이 꼭 알아야 할 교육용 한자에 기준을 두고 급수를 나누었습니다. 교육목적급수는 4급부터 8급이며, 국가공인급수는 1급부터 3급Ⅱ로 구분하고 있으며 1년에 3회 치러집니다.

❊ 응시자격은

- 제한이 없으며 자신의 능력에 맞게 급수를 선택하여 응시할 수 있습니다.
- 모든 급수의 검정 시험이 동시에 시행되므로 여러 급수를 동시에 중복해서 응시할 수 없습니다.

❊ 시험일정(2005년)

시 행 회	29회		30회		31회	
	교육급수 (4급-8급)	공인급수 (1급-3급Ⅱ)	교육급수 (4급-8급)	공인급수 (1급-3급Ⅱ)	교육급수 (4급-8급)	공인급수 (1급-3급Ⅱ)
인터넷접수	2005.03.07 ~10	2005.03.14 ~17	2005.06.07 ~10	2005.06.13 ~16	2005.09.12 ~15	2005.09.20 ~23
방문접수	2005.03.23 ~25	2005.03.28 ~30	2005.06.22 ~24	2005.06.27 ~29	2005.09.28 ~30	2005.10.04 ~06
시험일시	2005.04.30 15:00	2005.05.07 15:00	2005.07.30 15:00	2005.08.06 15:00	2005.11.05 15:00	2005.11.12 15:00
합격발표	2005.05.30 00:00	2005.06.02 00:00	2005.08.29 00:00	2005.09.06 00:00	2005.12.05 00:00	2005.12.12 00:00

※ 교육급수는 4급~8급, 공인급수는 1급~3급Ⅱ입니다.

※ 위 일정은 사정상 변경될 수 있습니다.

※ 인터넷 접수시간은 시작일 09시~인터넷 접수 마감일 24시입니다.

❋ 접수방법

❶ 창구접수

· 응시급수 선택 – 급수배정을 참고하여 본인에게 맞는 급수를 선택합니다.
· 원서작성 준비물 – 반명함판 사진(3×4㎝) 3매, 급수증 수령주소, 주민등록 번호, 이름(한글·한자), 응시료(현금)
· 원서작성과 접수 – 정해진 양식의 원서를 작성하여 접수창구에 응시료와 함께 제출하고 수험표를 받습니다.

❷ 1급 우편접수

· 원서작성 준비물 – 반명함판 사진(3×4㎝) 3매, 급수증 수령주소, 주민등록 번호, 이름(한글·한자), 응시료 우편환(35,000원), 항시 연락 가능한 연락처, 희망 응시 고사장
· 준비물 등기발송 – 주소 : (137-879) 서울특별시 서초구 서초1동 1627-1 교대벤처타워 401호 한국한자능력 검정회 1급 접수 담당자

❋ 시험시간/검정료

구분	1급	2급~3급Ⅱ	4급	4급Ⅱ	5급	6급	6급Ⅱ~8급
시험시간	90분	60분	50분	50분	50분	50분	50분
검정료	35,000원	15,000원	11,000원	11,000원	11,000원	11,000원	10,000원

※ 인터넷 접수 결제액은 검정료+접수수수료(1,000원)입니다.

❋ 합격기준

구분	1급	2급~3급Ⅱ	4급~5급	6급	6급Ⅱ	7급	8급
출제문항수	200	150	100	90	80	70	50
합격문항수	160	105	70	63	56	49	35

※ 합격자 발표, 답안작성 방법, 시상기준, 우대사항 등 자세한 내용은 인터넷 www.hangum.re.kr과 www.hanja.re.kr에서 볼 수 있습니다.

❀ 급수배정

급 수	수준 및 특성
8급	읽기 50자, 쓰기 없음 미취학생이나 초등학생의 학습동기 부여를 위한 급수
7급	읽기 150자, 쓰기 없음 한자공부를 처음 시작하는 분을 위한 초급단계
6급Ⅱ	읽기 300자, 쓰기 50자 한자 쓰기를 시작하는 첫 급수
6급	읽기 300자, 쓰기 150자 기초 한자 쓰기를 시작하는 급수
5급	읽기 500자, 쓰기 300자 학습용 한자 쓰기를 시작하는 급수
4급Ⅱ	읽기 750자, 쓰기 400자 5급과 4급의 격차를 해소하기 위한 급수
4급	읽기 1,000자, 쓰기 500자 초급에서 중급으로 올라가는 급수
3급Ⅱ	읽기 1,500자, 쓰기 750자 4급과 3급의 격차를 해소하기 위한 급수
3급	읽기 1,817자, 쓰기 1,000자 신문 또는 일반 교양어를 읽을 수 있는 수준
2급	읽기 2,355자, 쓰기 1,817자 일상 한자어를 구사할 수 있는 수준
1급	읽기 3,500자, 쓰기 2,005자 국한혼용 고전을 불편 없이 읽고, 공부할 수 있는 수준

里	마을	리	不	아니	불/부	時	때	시
林	수풀	림	事	일	사	食	밥/먹을	식
立	설	립	算	셈	산	植	심을	식
每	매양	매	上	윗	상	心	마음	심
面	낯	면	色	빛	색	安	편안	안
名	이름	명	夕	저녁	석	語	말씀	어
命	목숨	명	姓	성	성	然	그릴	연
文	글월	문	世	인간	세	午	낮	오
問	물을	문	少	적을	소	右	오른	우
物	물건	물	所	바	소	有	있을	유
方	모	방	手	손	수	育	기를	육
百	일백	백	數	셈	수	邑	고을	읍
夫	지아비	부	市	저자	시	入	들	입

한자	훈·음	한자	훈·음	한자	훈·음
一	한 **일**	火	불 **화**	男	사내 **남**
日	날 **일**	**7급 배정한자 추가**		內	안 **내**
長	긴 **장**	家	집 **가**	農	농사 **농**
弟	아우 **제**	歌	노래 **가**	答	대답 **답**
中	가운데 **중**	間	사이 **간**	道	길/말할 **도**
青	푸를 **청**	江	강 **강**	同	한가지 **동**
寸	마디 **촌**	車	수레 **거/차**	冬	겨울 **동**
七	일곱 **칠**	工	장인 **공**	洞	골 **동**/밝을 **통**
土	흙 **토**	空	빌 **공**	動	움직일 **동**
八	여덟 **팔**	口	입 **구**	登	오를 **등**
學	배울 **학**	氣	기운 **기**	來	올 **래**
韓	한국/나라 **한**	記	기록할 **기**	力	힘 **력**
兄	형 **형**	旗	기 **기**	老	늙을 **로**

8급 배정한자

校	학교	교	萬	일만	만	西	서녘	서
教	가르칠	교	母	어미	모	先	먼저	선
九	아홉	구	木	나무	목	小	작을	소
國	나라	국	門	문	문	水	물	수
軍	군사	군	民	백성	민	室	집	실
金	쇠 금/성 김		白	흰	백	十	열	십
南	남녘	남	父	아비	부	五	다섯	오
女	계집	녀	北	북녘	북	王	임금	왕
年	해	년	四	넉	사	外	바깥	외
大	큰	대	山	메	산	月	달	월
東	동녘	동	三	석	삼	二	두	이
六	여섯	륙	生	날	생	人	사람	인

❋ 출제유형

급수	1급	2급	3급	3급II	4급	4급II	5급	6급	6급II	7급	8급
읽기 배정 한자	3,500	2,355	1,817	1,500	1,000	750	500	300	300	150	50
쓰기 배정 한자	2,005	1,817	1,000	750	500	400	300	150	50	0	0
독음(讀音)	50	45	45	45	30	35	35	33	32	32	24
훈음(訓音)	32	27	27	27	22	22	23	22	29	30	24
장단음(長短音)	10	5	5	5	5	0	0	0	0	0	0
반의어(反義語)	10	10	10	10	3	3	3	3	2	2	0
완성형(完成型)	15	10	10	10	5	5	4	3	2	2	0
부수(部首)	10	5	5	5	3	3	0	0	0	0	0
동의어(同義語)	10	5	5	5	3	3	3	2	0	0	0
동음이의어(同音異義語)	10	5	5	5	3	3	3	2	0	0	0
뜻풀이	10	5	5	5	3	3	3	2	2	2	0
필순(筆順)	0	0	0	0	0	0	3	3	3	2	2
약자(略字)·속자(俗字)	3	3	3	3	3	3	3	0	0	0	0
한자(漢字)쓰기	40	30	30	30	20	20	20	20	10	0	0

※ 상위급수 한자는 하위급수 한자를 모두 포함하고 있습니다.
※ 쓰기 배정 한자는 한두 급수 아래의 읽기 배정한자이거나 그 범위 내에 있습니다.

❋ 합격자 우대사항

■ 초·중·고등학교 학교생활기록부 등재

급수	효력	생활기록부
1급~3급II	국가공인자격증	'자격증' 란
4급~8급	민간자격증	'세부사항' 란

自	스스로 **자**	重	무거울 **중**	平	평평할 **평**
子	아들 **자**	紙	종이 **지**	下	아래 **하**
字	글자 **자**	地	따/땅 **지**	夏	여름 **하**
場	마당 **장**	直	곧을 **직**	漢	한수/한나라 **한**
電	번개 **전**	川	내 **천**	海	바다 **해**
全	온전 **전**	千	일천 **천**	話	말씀 **화**
前	앞 **전**	天	하늘 **천**	花	꽃 **화**
正	바를 **정**	草	풀 **초**	活	살 **활**
祖	할아비 **조**	村	마을 **촌**	孝	효도 **효**
足	발 **족**	秋	가을 **추**	後	뒤 **후**
左	왼 **좌**	春	봄 **춘**	休	쉴 **휴**
主	주인/임금 **주**	出	날 **출**		
住	살 **주**	便	편할 **편** 똥오줌 **변**		

D-30

육 서 六書

한자 학습의 구조

| 육서六書 |

모양(形;형)·소리(音;음)·뜻(意;의)의 세 가지 요소로 형성
된 한자(漢字)는 처음에는 간단한 회화(그림)에서 출발하였
다. 그러나 오랜 세월이 지나면서 늘어나는 사물과 복잡해
지는 생각을 나타내기 위하여 글자의 수가 많아지고 복잡하
게 되었다. 후한시대 허신이 『설문해자(說文解字)』라는 책을
지어 당시까지 사용하던 9,300여 글자의 구성원리를 비교하
여 설명하였다. 허신은 이 책에서 모든 한자의 구성원리를
상형문자(象形文字), 지사문자(指事文字), 회의문자(會意文字),
형성문자(形聲文字), 전주문자(轉注文字), 가차문자(假借文字)
등 여섯 가지로 나누어 설명하였는데 이것이 곧 육서(六書)
이다. 이러한 육서는 한자를 배우고 이해하는 데 기본이 되
므로 반드시 익혀 두어야 한다.

父生我身　母鞠吾身　아버지께서 나를 낳으시고, 어머니께서 나를 기르셨습니다. —『사자소학四字小學』

육 서六書

(1) 상형문자象形文字

　상형(象;모양 상, 形;모양 형)은 이름 그대로 사물의 모양을 있는 그대로 본떠서 만든 글자로서 한자가 만들어지는 구성 원리 중에서 가장 기본이 된다. 이는 문자가 처음에는 실제 사물의 모양을 본떠 그리는 데서 시작되었음을 의미한다. 이 방식은 구체적 사물의 특징적인 면을 두드러지게 나타냄으로써 사람들로 하여금 쉽게 알아볼 수 있게 한 것이다. 상형문자는 달, 해, 물, 불처럼 당대 사람들의 일상생활에서 중요한 의미를 갖는 것들이다.

⊙ ⊟ 日 날 일　해의 둥근 모습을 본뜬 글자

☽ ☽ 月 달 월　달이 이지러진 모습을 본뜬 글자

火 火 火 불 화　불이 타오르는 모양을 본뜬 글자

川 川 川 내 천　물이 흐르는 모양을 본뜬 글자

人 人 人 사람 인　두 발로 걸어가는 사람의 옆모양을 본뜬 글자

(2) 지사문자指事文字

　'어떤 일(事;일 사)'을 '가리키다(指;가리킬 지)'는 뜻을 가진 지사(指事)는, 구체적인 모양으로 나타낼 수 없는 관념적이고 추상적인 것 등을 점(·)이나 선(—)을 이용하여 나타낸 글자를 말한다.

D-30

육 서 六書

간단한 선(—)으로 이루어진 지사문자

一　一　한 일　하나의 선(–)을 옆으로 그어 '하나' 라는 뜻을 나타냈다.

二　二　두 이　두 개의 선(–)을 옆으로 그어 '둘' 이라는 뜻을 나타냈다.

本　本　근본 본　나무 모양에 선(–)을 그어 '근본' 이라는 뜻을 나타냈다.

점(·)과 간단한 선(—)으로 이루어진 지사문자

上　上　위 상　선(–) 위에 점 하나를 찍어 '위' 라는 뜻을 나타냈다.

下　下　아래 하　선(–) 아래에 점 하나를 찍어 '아래' 라는 뜻을 나타냈다.

(3) 회의문자 會意文字

　기존에 만들어진 상형(象形) 문자와 지사(指事) 문자들을 둘 이상 결합(會;모을 회)하여 그 뜻(意;뜻 의)이 반영된 새로운 의미를 나타내는 글자를 일컫는다.

明　밝을 명　日(날 일) + 月(달 월)

　해와 달이 결합하여 '밝다' 라는 뜻을 나타냈다.

好　좋을 호　女(계집 녀) + 子(아들 자)

　어머니가 아이를 안고 좋아하는 모습에서 '좋다' 라는 뜻을 나타냈다.

林　수풀 림　木(나무 목) + 木(나무 목)

　나무와 나무가 합쳐져서 나무가 많은 '수풀' 이라는 뜻을 나타냈다.

腹以懷我　乳以哺我　어머님께서는 나를 배에다 품어주시고, 젖을 먹여주셨습니다. ─「사자소학四字小學」

D-30

육 서 六書

男 사내 남　田(밭 전) + 力(힘 력)

남자는 밭에서 힘을 쓰며 열심히 일하는 사람이므로 둘을 결합하여 나타 냈다.

(4) 형성문자形聲文字

형성(形聲) 문자 역시 회의(會意) 문자처럼 두 가지 요소로 이루어진 글자이다. 이는 뜻글자인 한자(漢字)가 점점 복잡해져가는 수많은 뜻들을 상형(象形)이나 지사(指事)의 원리로만 만드는 것에 한계가 있기 때문에 만들어진 문자 원리이 다. 하지만 형성은 회의처럼 의미간의 결합이 아니라, 뜻을 나타내는 부분[形] 과 음을 나타내는 부분[聲]이 합쳐져 이루어진 것이다.

형성은 오늘날 쓰이고 있는 한자의 80% 이상으로서 가장 많은 수를 차지한 다. 따라서 형성의 원리를 잘 이해하면 한자를 이해하는 데 많은 도움이 된다. 형성 문자에서는 뜻 부분이 부수(部首)이고 음 부분이 몸이 된다.

問 물을 문　뜻 : 口(입 구) + 음 : 門(문 문)

입으로 물어본다는 데서 口가 뜻을 나타내고, 소리 부분인 門이 합하여 만들어진 글자이다.

淸 맑을 청　뜻 : 水(물 수) + 음 : 靑(푸를 청)

물이 맑다는 데서 물을 나타내는 氵와, 소리 부분인 靑이 합하여

육 서 六書

만들어진 글자이다.

記 **기록할 기** 뜻 : 言(말씀 언) + 음 : 己(몸 기)

말씀을 기록한다는 뜻에서 言과, 소리 부분인 己가 합하여 만들어진 글자이다.

(5) 전주문자轉注文字

전주(轉注)는 바퀴가 떼굴떼굴 굴러가듯이(轉;구를 전), 물을 이 그릇에서 저 그릇으로 따라 부으면 모양이 달라지듯이(注;물댈 주) 한자가 그 본래의 뜻에서 그와 관련이 있는 다른 뜻으로 전용되는 것을 말한다. 즉, 본래의 의미가 확대되어 전혀 다른 뜻과 음으로 사용된다.

樂 **노래 악 → 즐거울 락 → 좋아할 요**

처음에는 '노래 악' 자였는데 노래를 들으면 마음이 즐겁기 때문에 '즐겁다'라는 뜻이 나왔고, 음악을 좋아한다는 데서 '좋아한다'는 뜻이 나왔다. 발음 역시 뜻이 달라지면서 변하였다.

惡 **악할 악 → 미워할 오**

처음에는 '악할 악'이었는데 악한 것은 누구나 미워하게 되어 '미워하다'라는 뜻이 나왔다. 발음 역시 뜻이 달라지면서 변하였다.

更 **고칠 경 → 다시 갱**

以衣溫我 以食飽我 옷을 입혀 따뜻하게 해주시고, 밥을 먹여 배부르게 해주셨습니다. —『사자소학四字小學』

D-30

육 서 六書

처음에는 '고칠 경' 이었는데 고칠 것은 다시 해야 된다는 데서 '다시' 라는 뜻이 나왔다. 발음 역시 뜻이 달라지면서 변하였다.

(6) 가차문자假借文字

뜻글자인 한자(漢字)는 처음부터 본래의 음과 뜻이 정해져 있는 글자이므로 소리글자인 한글과 달리 세계 여러 나라의 글자를 일일이 다 표기할 수가 없다. 따라서 어떤 뜻을 나타내는 글자가 없을 때 원래의 뜻과는 상관없이 음이 같거나 형태가 비슷한 글자를 잠시(假;잠시 가) 빌려서(借;빌릴 차) 쓰는 글자를 가차(假借) 문자라고 한다.

弗 아닐 불

'$(달러)' 를 한자(漢字)로는 표시할 수 없기 때문에 모양이 비슷한 弗자를 빌려와서 화폐의 단위로 쓰는 글자이다.

可口可樂 가능할 가, 입 구, 가능할 가, 즐거울 락

'코카콜라' 를 의미하는 글자이다. 콜라를 마시면 맛이 있기 때문에 입이 즐거워진다는 뜻과 맞아 떨어지고 음도 '코카콜라' 와 비슷하게 만들었다.

亞細亞 버금 아, 가늘 세, 버금 아

'Asia(아시아)' 라는 외래어를 표기하기 위해서 발음만 빌려온 글자이다.

D-30

부 수 部首

부수部首

부수(部首)란, 한자의 구성을 일정한 기준에 따라 분류한 것으로서 자전에서 글자를 찾는 길잡이가 되는 글자의 한 부분을 말한다. 주로 상형(象形)자와 지사(指事)자로 이루어져 있다.

또한 한자의 뜻과 밀접한 관계를 가지고 있어서, 한자의 부수를 알면 그 뜻을 짐작할 수 있다. 예를 들어 '목(木)'이 부수인 한자의 뜻은 대체로 나무의 종류나, 나무로 만든 물건과 관계가 있다.

대부분의 한자는 '부수'와 '몸'으로 이루어져 있는데, '몸'은 각 글자에서 부수를 뺀 나머지 부분을 말한다. 한편 부수만으로 된 한자는 '제부수자'라고 한다.

한자의 글자꼴을 살펴보면, 부수는 항상 한 글자의 형태 속에서 일정한 위치에 있음을 알 수 있다. 이러한 부수의 위치는 한자를 기억하고 습득하는 데 필요한 학습 요소가 될 수 있다.

부수는 1획에서 17획까지 모두 214자가 있는데 놓이는 위치에 따라 명칭도 다르다.

恩高如天　德厚似地　부모님의 은혜는 하늘과 같이 높고 땅과 같이 두텁습니다. ―『사자소학四字小學』

D-30

부 수 部首

(1) 위치에 따른 부수의 명칭

변 부수가 글자의 구성에서 왼쪽을 이룰 때 붙이는 명칭이다.

예 休(쉴 휴) 부수는 人으로 '인변' 이라 부른다.

방 부수가 글자의 구성에서 오른쪽을 이룰 때 붙이는 명칭이다.

예 郡(고을 군) 부수는 阝으로 '우부방' 이라고 한다.

발 부수가 글자의 구성에서 아랫부분을 이룰 때 붙이는 명칭이다.

예 然(그럴 연) 부수는 아래에 붙은 火(灬)로 명칭은 '연화발' 이라고 한다.

엄 부수가 글자의 구성에서 위와 왼쪽을 덮어씌울 때 붙이는 명칭이다.

예 座(앉을 좌) 부수는 广으로 명칭은 '엄호' 이다.

받침 부수가 글자의 구성에서 왼쪽 위에서 내려와 아랫부분을 받쳐 줄 때 붙이는 명칭이다.

예 道(길 도) 부수는 辶으로 명칭은 '책받침' 이라고 한다.

에운담 부수가 글자의 구성에서 둘레를 감쌀 때 붙이는 명칭이다.

예 匹(짝 필) 부수는 匚로 명칭은 '터진 에운담' 이라고 한다.

D-30

부 수 部首

머리 부수가 글자의 구성에서 위를 이룰 때 붙이는 명칭이다.

예 家(집 가) 부수는 宀으로 명칭은 '갓머리'라고 한다.

(2) 부수의 변형

한자의 부수는 경우에 따라서 원래의 모습을 지니지 않고 놓이는 위치에 따라 모양이 달라지는 경우가 많이 있다. 이것은 부수가 글자에 포함될 때 변형되기 때문이다. 어떤 부수들은 글자의 모양을 보기 좋고 간단하게 하기 위해 그 획의 일부가 생략된 채로 사용된다. 부수의 원래 글자와 변형된 모양은 둘다 정확히 익혀두어야 한다.

人(亻) 사람과 관련된 것. **예** 仁(어질 인), 休(쉴 휴)

刀(刂) 칼과 관련된 것. **예** 分(나눌 분), 利(이할 리)

手(扌) 손과 관련되거나 손으로 하는 동작. **예** 拾(주울 습), 打(칠 타)

水(氵) 물이나 액체와 관련된 것. **예** 江(강 강), 流(흐를 류)

艸(艹) 식물과 관련된 것. **예** 草(풀 초), 英(꽃부리 영)

爲人子者 曷不爲孝 그러므로 사람이 어찌 부모에게 효도를 하지 않을 수 있겠습니까. —『사자소학四字小學』

D-30

부 수 部首

心(忄)　마음과 관련된 것.　예 心(마음 심), 情(뜻 정)

犬(犭)　동물, 동물의 성질, 짐승과 관련된 것.　예 犬(개 견), 獨(홀로 독)

辵(辶)　가는 것과 관련된 것.　예 進(나아갈 진), 道(길 도)

肉(月)　살, 신체의 일부.　예 育(기를 육), 肥(살찔 비)

攵(攴)　두드리는 것과 관련된 것.　예 政(정사 정), 改(고칠 개)

王(玉)　구슬과 관련된 것.　예 珍(보배 진), 珥(귀고리 이)

示(礻)　신(神)과 관련된 것.　예 神(귀신 신), 祭(제사 제)

衣(衤)　옷과 관련된 것.　예 被(입을 피), 裏(속 리)

阝(邑)　고을, 행정구역과 관련된 것.　예 郡(고을 군), 邦(나라 방)

阝(阜)　언덕과 관련된 것.　예 陸(뭍 륙), 防(막을 방)

D-30

쓰기 書

家	宀 宀 宀 宀 宭 家 家 家
집 가 (宀 총10획)	

歌	一 ┌ 冂 冂 冂 司 哥 哥 哥 哥 歌 歌 歌
노래 가 (欠 총14획)	

間	｜ ｜ ｜ ｜ ｜ 門 門 門 門 問 間 間
사이 간 (門 총12획)	

江	｀ ｀ 氵 氵 江 江
강 강 (氵 총6획)	

車	一 ┌ 冂 百 亘 亘 車
수레 거/차 (車 총7획)	

工	一 丁 工
장인 공 (工 총3획)	

空	｀ ｀ 宀 宀 究 究 空 空
빌 공 (穴 총8획)	

欲報深恩　昊天罔極　부모님의 깊은 은혜를 갚으려 해도 높은 하늘처럼 끝이 없습니다. ―「사자소학四字小學」

D-29

독 음讀音

1 독음讀音

| 한자어漢字語 독음讀音 익히기 |

ㄱ 으로 시작하는 한자어漢字語

家門 (　　) 집안
家事 (　　) 집안 일
歌手 (　　) 노래 부르는 일을 직업으로 삼는 사람
家長 (　　) 집안의 어른
江南 (　　) 강의 남쪽
江山 (　　) 강과 산
江村 (　　) 강가의 마을
空間 (　　) 빈자리
空軍 (　　) 항공기로 전투 및 방어를 하는 군대
空氣 (　　) 지구를 둘러싸고 있는 무색, 무명, 무취의 기체
工大 (　　) 공과 대학
工夫 (　　) 학문을 배우고 익힘
工事 (　　) 토목, 건축의 작업
工事場 (　　) 공사를 하는 곳
工場 (　　) 물건을 생산해 내는 곳
空中 (　　) 하늘과 땅 사이의 빈 곳
校歌 (　　) 학교의 노래
校旗 (　　) 학교의 깃발

D-29

독 음 讀音

校內 (　　　) 학교의 안

校門 (　　　) 학교의 문

校長 (　　　) 학교의 가장 어른

教生 (　　　) 교육실습생

教室 (　　　) 학생들이 공부하는 방

教育 (　　　) 가르치고 지도하는 일

教育大學 (　　　　　) 초등학교 교사를 양성하는 대학

九月 (　　　) 일년 중 아홉 번째 달

國家 (　　　) 나라

國歌 (　　　) 나라의 노래

國旗 (　　　) 나라의 깃발

國力 (　　　) 나라의 힘

國立 (　　　) 나라에서 세움

國民 (　　　) 나라의 백성

國花 (　　　) 나라의 꽃

軍歌 (　　　) 군대에서 부르는 노래

軍旗 (　　　) 군대의 깃발

軍士 (　　　) 군인

軍人 (　　　) 군인

氣力 (　　　) 정신과 육체의 힘

記事 (　　　) 사실을 적은 글

氣色 (　　　) 얼굴에 나타나는 감정의 변화

記入 (　　　) 적어 넣음

父母呼我　唯而趨進　부모님께서 나를 부르시면, 빨리 대답하고 달려 나가야 합니다. ―「사자소학四字小學」

D-29 독 음讀音

ㄴ 으로 시작하는 한자어漢字語

男女 (　　) 남자와 여자
男女老少 (　　) 남자, 여자, 노인, 젊은이
南東 (　　) 남쪽과 동쪽
南門 (　　) 남쪽의 문
南方 (　　) 남쪽 방향
南北 (　　) 남쪽과 북쪽
南山 (　　) 남쪽에 있는 산
男子 (　　) 남성으로 태어난 사람
男便 (　　) 장가들어 여자의 짝이 되는 남자
男學生 (　　) 남자 학생
來年 (　　) 올해의 다음 해
內面 (　　) 물건의 안쪽
來世 (　　) 다음 세상
內室 (　　) 부녀자가 거처하는 안방
內心 (　　) 속마음
內外 (　　) 안과 밖
來日 (　　) 오늘의 다음 날
老年 (　　) 나이가 들어 늙은 때
老母 (　　) 늙은 어머니
老少 (　　) 늙은 사람과 젊은 사람
老人 (　　) 늙은 사람
農民 (　　) 농사 짓는 백성

D-29

독 음 讀音

農夫 (　　　) 농사 짓는 사람

農事 (　　　) 농업에 관련된 일

農地 (　　　) 농사 짓는 땅

農村 (　　　) 농사 짓는 마을

農土 (　　　) 농사 짓는 땅

독 음 讀音

有命必從　勿逆勿怠　부모님이 말씀하시면 반드시 따르고, 거절하거나 게으름을 피우지 말아야 합니다. ―『사자소학四字小學』

D-29

쓰기 書

口	ㅣ 口口
입 구 (口 총3획)	

氣	ノ 一 午 气 气 气 気 氣 氣 氣
기운 기 (气 총10)	

記	一 二 二 言 言 言 言 記 記 記
기록할 기 (言 총10획)	

旗	` 一 方 方 方 扩 扩 扩 斿 斿 斿 旗 旗 旗
기 기 (方 총14획)	

男	ㅣ 口 曰 用 田 罗 男
사내 남 (田 총7획)	

內	ㅣ 冂 冂 內
안 내 (入 총4획)	

農	` 口 曱 曲 曲 曲 芦 芦 芦 農 農 農
농사 농 (辰 총13획)	

D-28

독 음 讀音

ㄷ 으로 시작하는 한자어漢字語

答紙 (   ) 답을 쓰는 종이

大道 (   ) 큰 길

大洞 (   ) 큰 동네

大夫人 (   ) 남의 어머니를 일컫는 말

大食家 (   ) 많이 먹는 사람

大王 (   ) 임금

大學 (   ) 교육기관의 하나

大韓 (   ) 큰 나라

道立 (   ) 도에서 설립, 운영하는 일

道人 (   ) 도술을 부리는 사람

洞口 (   ) 동네의 입구

動力 (   ) 움직이는 힘

洞里 (   ) 마을

同名 (   ) 같은 이름

東門 (   ) 동쪽 문

東問西答 (   ) 동쪽을 물어봤는데 서쪽을 대답함

動物 (   ) 살아 있는 생물

洞民 (   ) 한 마을의 사람

東西 (   ) 동쪽과 서쪽

同姓 (   ) 같은 성씨

同數 (   ) 같은 숫자

同時 (   ) 같은 시각

父母責之 勿怒勿答 부모님께서 꾸짖으시면, 성내지 말고 말대답하지 말아야 합니다. —「사자소학四字小學」

D-28 독 음讀音

同一（　　） 똑같음
冬日（　　） 겨울 날
洞長（　　） 동네의 우두머리
冬天（　　） 겨울 하늘
東海（　　） 동쪽 바다
登校（　　） 학교에 가다
登山（　　） 산에 오르다
登場（　　） 무대 같은 데에 나옴

□ 으로 시작하는 한자어漢字語

萬國旗（　　　） 여러 나라의 국기
萬里（　　） 아주 먼 거리
萬物（　　） 온갖 물건
萬事（　　） 모든 일
每年（　　） 해마다
每事（　　） 일마다
每時（　　） 시간마다
每月（　　） 달마다
每日（　　） 날마다
面前（　　） 눈 앞에
命名（　　） 이름을 지어 붙임
名文（　　） 유명한 글
名物（　　） 유명한 것

D-28

독 음 讀音

名所 (　　) 유명한 장소

名言 (　　) 이치에 맞게 잘한 말

母子 (　　) 어머니와 아들

木花 (　　) 나무에 핀 꽃

問答 (　　) 물어보고 답함

文物 (　　) 문화의 산물

文學 (　　) 언어로 표현한 예술 작품

物主 (　　) 장사 밑천을 대는 사람

ㅂ 으로 시작하는 한자어漢字語

方面 (　　) 어떤 분야

白旗 (　　) 하얀 깃발

百年 (　　) 일 백년이 되는 해

百方 (　　) 여러 방면

百姓 (　　) 국민의 옛말

白紙 (　　) 흰 종이

便所 (　　) 대소변을 누는 장소

父母 (　　) 아버지와 어머니

父王 (　　) 아버지인 임금

夫人 (　　) 아내를 일컫는 말

不自然 (　　) 자연스럽지 못함

不正 (　　) 바르지 못함

不足 (　　) 풍족하지 아니함

侍坐親前 勿踞勿臥　어버이를 모시고 앞에 앉아 있을 적엔, 다리를 뻗지 말고 눕지 말아야 합니다. —『사자소학四字小學』

D-28

독 음讀音

父兄 (　　　) 　아버지와 형

北海 (　　　) 　북쪽 바다

不問 (　　　) 　물어보지 않음

不安 (　　　) 　편안하지 않음

不便 (　　　) 　편리하지 않음

不平 (　　　) 　못마땅하게 여기는 것

不孝 (　　　) 　부모에게 자식 된 도리를 하지 못함

不孝子 (　　　) 　부모에게 효도를 하지 않는 자식

D-28

쓰기 書

答	ノ　ト　ド　ゲ　竹　竹　灼　炊　炊　灸　答　答				
대답 답 (竹 총12획)					

道	丶　丷　䒑　䒑　首　首　首　首　首　道　道　道				
길/말할 도 (辶/辵 총13획)					

同	丨　冂　冂　同　同　同				
한가지 동 (口 총6획)					

冬	ノ　ク　夂　冬　冬				
겨울 동 (冫 총5획)					

洞	丶　丶　氵　氵　洞　洞　洞　洞　洞				
골 동/밝을 통 (氵/水 총9획)					

動	ノ　ニ　千　台　台　台　重　重　重　動　動				
움직일 동 (力 총11획)					

登	フ　ブ　癶　癶　癶　癶　癶　登　登　登　登　登				
오를 등 (癶 총12획)					

侍坐親側 勿怒責人　어버이를 모시고 앉아 있을 적엔, 남을 꾸짖지 말아야 합니다. —『사자소학四字小學』

D-27

독 음 讀音

ㅅ 으로 시작하는 한자어漢字語

事物 (　　　) 일과 물건
四方 (　　　) 동, 서, 남, 북 네 방향
山林 (　　　) 숲
山水 (　　　) 산과 물
算數 (　　　) 산술 및 기초 수학
山川 (　　　) 산과 내
山川草木 (　　　) 산, 내, 풀, 나무 등 자연
山村 (　　　) 산 속에 있는 마을
算出 (　　　) 계산하여 냄
三寸 (　　　) 아버지의 형제
上空 (　　　) 높은 하늘
上氣 (　　　) 흥분 등으로 인해 얼굴이 붉어짐
上下 (　　　) 위, 아래
上下左右 (　　　) 위, 아래, 왼쪽, 오른쪽
色色 (　　　) 여러 가지 빛깔
色紙 (　　　) 물들인 종이
生命 (　　　) 목숨
生母 (　　　) 자기를 낳은 어머니
生育 (　　　) 낳아 기름
生日 (　　　) 태어난 날
生花 (　　　) 살아 있는 꽃
生活 (　　　) 생명을 가지고 활동하는 것

D-27

독음 讀音

西海 (	)	서쪽 바다
夕食 (	)	저녁밥
先山 (	)	조상의 무덤이 있는 곳
先生 (	)	학생을 가르치는 사람
先祖 (	)	조상
姓名 (	)	성과 이름
世道 (	)	세상을 올바르게 다스리는 도리
世上 (	)	모든 사람들이 살고 있는 세계
世上萬事 (	)	세상에서 일어나는 모든 일
少女 (	)	나이가 어린 여자
小便 (	)	오줌
小人 (	)	작은 사람
所有 (	)	가진 물건
所重 (	)	매우 귀중함
手工 (	)	손으로 만든 공예
手記 (	)	손으로 적음
水道 (	)	물길
手動 (	)	손으로 움직이는 것
手足 (	)	손과 발
手中 (	)	손 안
數千 (	)	몇 천
數學 (	)	산수
手話 (	)	몸짓에 의한 전달 방법
時間 (	)	어느 때로부터 어느 때까지의 사이

父母出入 每必起立　부모님께서 나아가고 들어오시거든, 반드시 일어서야 합니다. —「사자소학四字小學」

독 음讀音

時空 (　　　)　시간과 공간
市立 (　　　)　시에서 세워 운영함
市民 (　　　)　시의 주민
時事 (　　　)　그 당시에 생기는 여러 가지 세상 일
市場 (　　　)　온갖 물건을 사고파는 장소
食口 (　　　)　같은 집에서 사는 사람
植木 (　　　)　나무를 심음
植木日 (　　　)　나무를 심는 날
食事 (　　　)　먹는 것
食生活 (　　　)　먹고 사는 일
食水 (　　　)　마시는 물
室內 (　　　)　건물의 안
心中 (　　　)　마음 속
心地 (　　　)　마음의 본바탕
十年 (　　　)　열 번째 해
十日 (　　　)　열흘

독 음讀音

D-27

쓰기書

來 올 래 (人 총8획)	一 厂 厂 厂 厂 中 來 來
力 힘 력 (力 총2획)	フ 力
老 늙을 로 (老 총6획)	一 十 土 少 夬 老
里 마을 리 (里 총7획)	丨 冂 日 旦 甲 里
林 수풀 림 (木 총8획)	一 十 才 木 村 村 材 林
立 설 립 (立 총5획)	丶 亠 亠 立 立
每 매양 매 (毋 총7획)	丿 乞 乞 乞 每 每 每

D-26 독 음讀音

○ 으로 시작하는 한자어漢字語

安心 (　　) 마음이 편안함
安全 (　　) 위험하지 않는 것
語學 (　　) 언어를 연구하는 학문
女軍 (　　) 여자 군인
女王 (　　) 여자 왕
力不足 (　　) 힘이나 기량 등이 모자람
年老 (　　) 나이가 많아서 늙음
年數 (　　) 햇수
五日 (　　) 다섯 번째 날/닷새
午前 (　　) 자정부터 정오까지의 사이
午後 (　　) 정오부터 자정까지의 사이
王家 (　　) 왕실의 집안
王國 (　　) 임금이 다스리는 나라
王立 (　　) 왕이나 왕족이 세우는 일
王室 (　　) 임금의 집안
王子 (　　) 임금의 아들
外國 (　　) 자기 나라가 아닌 다른 나라
外國語 (　　) 외국의 말
外來 (　　) 외부에서 들어옴
外來語 (　　) 외국어가 들어와 국어처럼 쓰이는 말
外食 (　　) 밖에서 음식을 사먹는 것
外出 (　　) 밖으로 나가는 것

D-26

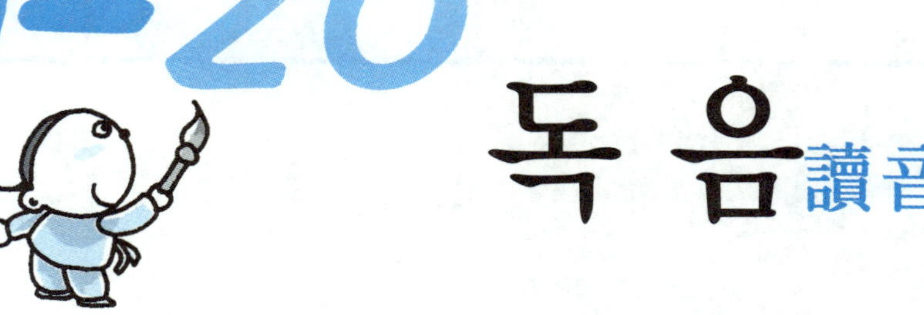

독 음 讀音

有名 (　　　) 많은 사람에게 이름이 알려짐

有事時 (　　　) 급한 일이 생겼을 때

六月 (　　　) 한 해의 여섯 번째 달

育林 (　　　) 나무를 심고 가꾸는 것

六日 (　　　) 여섯 번째 날/엿새

六寸 (　　　) 사촌의 아들 딸 끼리의 관계

六村 (　　　) 여섯 부락

邑內 (　　　) 읍의 구역 안

邑民 (　　　) 읍내에 사는 사람

邑長 (　　　) 읍의 행정사무를 처리하는 우두머리

里長 (　　　) 행정구역인 마을의 사무를 처리하는 우두머리

人間 (　　　) 사람

人口 (　　　) 사람의 숫자

人氣 (　　　) 사람의 좋은 평판

人道 (　　　) 사람이 다니는 길

人名 (　　　) 사람의 이름

人命 (　　　) 사람의 목숨

人事 (　　　) 자기를 소개하는 일/사람의 일

人生 (　　　) 사람이 이 세상에 살아 있는 동안

日記 (　　　) 그날그날 겪은 일이나 감상 등을 적은 개인의 기록

日氣 (　　　) 날씨

日夕 (　　　) 저녁

一心 (　　　) 한 마음

日月 (　　　) 해와 달

口勿雜談　手勿雜戱　입으로는 잡담을 하지 말고, 손으로는 장난을 하지 말아야 합니다. —『사자소학四字小學』

D-26 독 음讀音

一月 (   ) 한 해의 첫 번째 달

林木 (   ) 수풀의 나무

入口 (   ) 들어가는 통로

入國 (   ) 나라 안으로 들어 감

立國 (   ) 나라를 세우다

立冬 (   ) 24절기의 하나로 겨울이 시작됨을 이름

入室 (   ) 실내로 들어가다

立場 (   ) 당하고 있는 처지

入住 (   ) 들어가 삶

立秋 (   ) 24절기의 하나로 가을이 시작됨을 이름

立春 (   ) 24절기의 하나로 봄이 시작됨을 이름

立夏 (   ) 24절기의 하나로 여름이 시작됨을 이름

入學 (   ) 학교에 들어감

D-26

쓰 기 書

面	一 丆 丆 而 而 面 面 面 面				
낯 면 (面 총9획)					

名	ノ ク タ タ 名 名				
이름 명 (口 총6획)					

命	ノ 人 스 스 合 合 命 命				
목숨 명 (口 총8획)					

文	丶 亠 亠 文				
글월 문 (文 총4획)					

問	丨 丬 丬 丬 丬 門 門 門 門 問 問				
물을 문 (口 총11획)					

物	ノ 广 牛 牛 牜 物 物 物				
물건 물 (牛 총8획)					

方	丶 亠 亠 方				
모 방 (方 총4획)					

行勿慢步 坐勿倚身　다닐 때에는 거만하게 걷지 말고, 앉을 때에는 몸을 기대지 말아야 합니다. —『사자소학四字小學』

D-25

독 음讀音

ㅈ 으로 시작하는 한자어漢字語

自國民 (　　　)　자기 나라의 국민

子女 (　　　)　아들과 딸

自動 (　　　)　스스로 움직임

自動車 (　　　)　원동기를 사용하여 움직이는 차

自立 (　　　)　스스로 일어섬

自問 (　　　)　스스로 물어봄

自問自答 (　　　)　스스로 묻고 스스로 대답함

自然 (　　　)　사람의 힘을 더하지 않음

子弟 (　　　)　남의 아들

自足 (　　　)　스스로 넉넉함을 느끼는 것

自主 (　　　)　남의 힘을 빌지 않고 자기 일을 스스로 처리함

長江 (　　　)　긴 강

長男 (　　　)　집안의 큰아들

長大 (　　　)　길고 큼

場面 (　　　)　어떤 장소에서 겉으로 드러난 면이나 벌어진 광경

長子 (　　　)　맏아들

電工 (　　　)　전기공업의 준말

全國 (　　　)　온 나라

全國民 (　　　)　온 나라의 국민

電氣 (　　　)　전기의 이동으로 생기는 에너지의 한 형태

電動 (　　　)　전기로 움직이는 것

全力 (　　　)　모든 힘

D-25

독 음 讀音

電力 (　　) 전기의 힘

全面 (　　) 모든 면

前方 (　　) 앞 쪽

電車 (　　) 전력을 공급받아 다니는 차

電火 (　　) 번갯불

電話 (　　) 전파나 전류를 통해 서로 대화할 수 있는 장치

前後 (　　) 앞과 뒤

前後左右 (　　　　) 앞, 뒤, 왼쪽, 오른쪽

正道 (　　) 바른 길

正門 (　　) 정면에 있는 문

正午 (　　) 낮 12시

正字 (　　) 또박또박 쓴 글자

正直 (　　) 거짓이 없는 곧은 마음

弟子 (　　) 스승으로부터 가르침을 받거나 배우는 학생

祖國 (　　) 조상 때부터 살아온 나라

祖父母 (　　　) 할아버지와 할머니

祖上 (　　) 자기 세대 이전의 어른

左右 (　　) 왼쪽과 오른쪽

左便 (　　) 왼쪽

左向左 (　　　) 바로 서 있는 상태에서 몸을 왼쪽으로 90도 돌아섬

住民 (　　) 그 땅에 사는 사람

主上 (　　) 임금을 달리 부르는 말

住所 (　　) 살고 있는 곳

主食 (　　) 주가 되는 양식

父母衣服 勿踰勿踐　부모님의 의복은, 넘지도 말고 밟지도 말아야 합니다. —「사자소학四字小學」

D-25

독 음 讀音

主語 (　　　) 한 문장 가운데 주체가 되는 말
主人 (　　　) 물건 따위를 소유한 사람
重大 (　　　) 매우 중요함
重力 (　　　) 지구 위의 물체가 지구 중심으로부터 받는 힘
中立 (　　　) 한편에 치우치지 않고 공평하게 처신함
中心 (　　　) 사물의 한가운데
中秋 (　　　) 추석을 이르는 말
紙面 (　　　) 종이의 겉면
地面 (　　　) 땅의 표면
地名 (　　　) 땅 이름
地方 (　　　) 어느 방면의 땅
地方色 (　　　) 그 지방의 특색
地中海 (　　　) 대륙과 대륙 사이에 낀 바다
地下水 (　　　) 땅속에 있는 물
直立 (　　　) 똑바로 섬
直面 (　　　) 똑바로 마주 봄
直後 (　　　) 어떤 일이 있은 바로 뒤

독 음 讀音

D-25

쓰기 書

百	一 一 丆 丆 丏 百				
일백 백 (白 총6획)					

夫	一 二 夫 夫				
지아비 부 (大 총4획)					

不	一 丆 才 不				
아니 불/부 (一 총4획)					

事	一 一 口 曰 亘 耳 事 事				
일 사 (亅 총8획)					

算	⺮ ⺮ ⺮ 竹 竹 笞 笞 笪 筧 算 算				
셈 산 (竹 총14획)					

上	丨 卜 上				
윗 상 (一 총3획)					

色	丿 ⺈ 刍 刍 色 色				
빛 색 (色 총6획)					

父母有命　俯首敬聽　부모님께서 명하시면, 머리를 숙이고 공손히 들어야 합니다. ―『사자소학四字小學』

D-24

독 음讀音

ㅊ 으로 시작하는 한자어漢字語

車道 (　　　) 차가 다니는 길

車主 (　　　) 차의 주인

千軍 (　　　) 많은 군사

千金 (　　　) 많은 돈

天氣 (　　　) 하늘에 나타난 징조, 날씨

千年萬年 (　　　) 매우 오랜 세월을 일컫는 말

千萬 (　　　) 만의 천배가 되는 수

天命 (　　　) 타고난 수명

天然 (　　　) 사람의 힘을 가하지 않은 상태

天地 (　　　) 하늘과 땅

天下 (　　　) 하늘 아래/온 세상

靑旗 (　　　) 푸른 깃발

靑年 (　　　) 젊은 사람

靑山 (　　　) 풀과 나무가 무성한 푸른 산

靑色 (　　　) 푸른 색

靑春 (　　　) 젊은 시절을 이르는 말

草家 (　　　) 볏짚으로 지붕을 인 집

草木 (　　　) 풀과 나무

村夫 (　　　) 시골에 사는 남자

秋夕 (　　　) 한가위

春三月 (　　　) 봄의 경치가 가장 좋은 철

春色 (　　　) 봄의 아름다운 빛

D-24

독 음讀音

春川 (   )   지명

春秋 (   )   봄과 가을

春夏秋冬 (   )   봄, 여름, 가을, 겨울

出家 (   )   집을 나가다

出口 (   )   나가는 곳

出動 (   )   일정한 목적을 실행하기 위하여 떠남

出生 (   )   태어남

出生地 (   )   태어난 곳

出世 (   )   사회적으로 높은 지위에 오름

出入 (   )   들어가고 나옴

出入門 (   )   들어가고 나오는 문

七夕 (   )   음력 7월 7일

七十 (   )   일흔

七月 (   )   일년 중의 일곱 번째 달

E 으로 시작하는 한자어漢字語

土地 (   )   땅

D-24 쓰기 書

한자	훈음	필순
夕	저녁 석 (夕 총3획)	ノ ク 夕
姓	성 성 (女 총8획)	𡿨 女 女 女' 女'' 姓 姓 姓
世	인간 세 (一 총5획)	一 十 廾 廿 世
少	적을 소 (小 총4획)	亅 小 小 少
所	바 소 (戶 총8획)	ˊ 𠃌 戶 戶 戶' 所 所 所
手	손 수 (手 총4획)	ˊ 二 三 手
數	셈 수 (攵/攴 총15획)	丶 口 ... 婁 婁 婁' 數 數

D-23 독음讚音

ㅍ 으로 시작하는 한자어漢字語

八寸(　　) 아버지 육촌의 자녀와의 촌수
便安(　　) 편리하고 안정됨
便紙(　　) 글을 쓰는 종이, 소식을 전하는 종이
平面(　　) 평평한 지면
平生(　　) 살아 있는 동안
平安(　　) 무사히 잘 있음

ㅎ 으로 시작하는 한자어漢字語

下校(　　) 공부를 끝내고 학교에서 집으로 돌아옴
下山(　　) 산에서 내려 옴
下午(　　) 오후
下車(　　) 차에서 내림
夏天(　　) 여름 하늘
夏海(　　) 여름 바다
學校(　　) 교육을 시행하는 기관
學年(　　) 1년간의 학기에 따라 구별한 단계
學問(　　) 어떤 분야를 체계적으로 배워서 익힘
學父母(　　　) 학생의 아버지와 어머니
漢江(　　) 우리나라 중부를 흐르는 강

昏定晨省 冬溫夏淸 저녁엔 잠자리를 마련해드리며, 새벽에는 문안을 드리고, 겨울에는 따뜻하게 해드리고, 여름에는 시원하게 해드려야 합니다. ─「사자소학四字小學」

D-23

독음讀音

漢文（　）　중국 한 나라 시대의 문장/한자로 쓴 문장

漢字（　）　중국 고유의 문자

漢字語（　　）　한자로 이루어진 말

海軍（　）　바다에서 전투 및 방어하기 위하여 조직된 군대

海里（　）　거리의 단위

海水（　）　바닷물

海外（　）　바다를 사이에 두고 떨어져 있는 나라

海草（　）　바다에서 자라나는 풀

兄夫（　）　언니의 남편

兄弟（　）　형과 아우

火車（　）　전쟁 때에 불로 적을 공격하는 데 쓰던 수레

花草（　）　꽃과 풀

活氣（　）　활발한 기운

活動（　）　몸을 움직여 활동함

活力（　）　살아 움직이는 힘

活字（　）　금속 윗면에 문자나 기호를 볼록 튀어나오게 새긴 것

活火山（　　）　계속해서 화산 활동을 하는 화산

孝道（　）　부모를 잘 섬기는 도리

孝心（　）　효성이 있는 마음

孝子（　）　효도를 하는 자식

後門（　）　뒤쪽에 난 문

後世（　）　뒤의 세상

後食（　）　나중에 먹음

D-23

독 음讀音

休校 (   )　어떤 사정에 의하여 학교의 수업을 한때 쉼

休日 (   )　쉬는 날

休紙 (   )　쓸모없는 종이

休學 (   )　학업을 쉼

休火山 (   )　현재는 쉬고 있는 화산

독 음讀音

父母愛之　喜而弗忘　부모님께서 나를 사랑하시는 것을, 기뻐하고 잊지 말아야 합니다. ―「사자소학四字小學」

D-23

쓰기 書

市 저자 시 (巾 총5획)	` 亠 宀 市 市				

時 때 시 (日 총10획)	丨 冂 日 日 旷 旷 旷 時 時 時				

食 밥/먹을 식 (食 총9획)	ノ 人 스 今 今 今 食 食 食				

植 심을 식 (木 총12획)	一 十 才 木 杧 栌 栌 椬 椬 椬 植 植				

心 마음 심 (心 총4획)	` 心 心 心				

安 편안 안 (宀 총6획)	` 丷 宀 安 安 安				

語 말씀 어 (言 총14획)	一 二 三 言 言 言 訐 訐 語 語 語 語 語				

D-22

독음 讀音

|독음 쓰기 기출 예상문제 |

독음(讀音) 쓰기는 한자(漢字)나 한자어(漢字語)의 음을 한글로 적는 것입니다. 한자능력검정시험에서 가장 높은 비율로 출제되는 유형으로서 총 70문항 중에서 32문항이 출제됩니다. 앞장에서 나온 '한자어 독음 익히기' 문제를 통해 평소에 반복 연습을 해두면 문제를 푸는 데 많은 도움이 될 것입니다. 'ㄱ, ㄴ, ㄷ…' 순서대로 제시된 문제들을 풀어보면서 앞장에서 미처 못 익힌 단어들의 음을 익히세요.

독음 쓰기 문제를 풀 때에는 다음과 같은 사항에 주의하세요.

첫째, 독음(讀音)을 쓸 때에는 반드시 정확한 표기법으로 또박또박 써야 합니다. 국어 표기법에 어긋나는 글자는 오답으로 처리하니 조심하세요. 예를 들어 '記入'을 '기입'으로 쓰지 않고 '기잉'으로 쓰면 틀리게 됩니다.

둘째, 두음법칙(頭音法則: 우리말에 첫머리에 'ㄹ'이나 'ㄴ'이 오는 것을 꺼리는 현상)에 유의하세요. 예를 들어, '來'는 '올 래'이지만 '來年'으로 출제되면 반드시 '내년'이라고 써야 합니다. 간혹 '래년'으로 써서 틀리는 경우가 많으니 조심하세요. 또, '女(계집 녀)'가 '子女'로 출제되면 '자녀'로 써야 하지만 '女子'로 출제되면 반드시 '여자'라고 써야 합니다. 간혹 '녀자'로 써서 틀리는 경우도 많습니다.

셋째, 평소에 발음하는 대로 표기를 하세요. 예를 들어 '十月'이 출제되면 평소에 발음하는 대로 반드시 '시월'이라고 표기해야 합니다. 간혹 '십월'이라고 써서 틀리는 경우가 많습니다.

위와 같은 주의사항을 잘 기억하고 올바른 답을 쓰세요.

父母惡之　懼而無怨　부모님께서 나를 미워해도, 두려워하거나 원망하지 말아야 합니다. —『사자소학四字小學』

D-22

독 음讀音

I. 다음 한자어(漢字語) 의 讀音(독음)을 쓰세요.

<예(例)>　漢字 → 한자

(1) 家門 (　　)　(2) 家事 (　　)　(3) 歌手 (　　)　(4) 家長 (　　)

(5) 江南 (　　)　(6) 江山 (　　)　(7) 江村 (　　)　(8) 空間 (　　)

(9) 空軍 (　　)　(10) 空氣 (　　)　(11) 工大 (　　)　(12) 工夫 (　　)

(13) 工事 (　　)　(14) 工事場 (　　)　(15) 工場 (　　)

(16) 空中 (　　)　(17) 校歌 (　　)　(18) 校旗 (　　)　(19) 校內 (　　)

(20) 校門 (　　)　(21) 敎生 (　　)　(22) 敎室 (　　)　(23) 敎育 (　　)

(24) 敎育大學 (　　)　(25) 九月 (　　)　(26) 國家 (　　)

(27) 國歌 (　　)　(28) 國旗 (　　)　(29) 國力 (　　)　(30) 國立 (　　)

(31) 國民 (　　)　(32) 國花 (　　)　(33) 軍歌 (　　)　(34) 軍旗 (　　)

(35) 軍士 (　　)　(36) 軍人 (　　)　(37) 氣力 (　　)　(38) 記事 (　　)

(39) 氣色 (　　)　(40) 記入 (　　)

II. 다음 한자어(漢字語) 의 讀音(독음)을 쓰세요.

<예(例)>　漢字 → 한자

(1) 男女 (　　)　(2) 男女老少 (　　)　(3) 南東 (　　)

(4) 南門 (　　)　(5) 南方 (　　)　(6) 南北 (　　)　(7) 南山 (　　)

(8) 男子 (　　)　(9) 男便 (　　)　(10) 男學生 (　　)　(11) 來年 (　　)

(12) 內面 (　　)　(13) 來世 (　　)　(14) 內室 (　　)　(15) 內心 (　　)

D-22

독 음 讀音

(16) 內外 ( )　(17) 來日 ( )　(18) 老年 ( )　(19) 老母 ( )

(20) 老少 ( )　(21) 老人 ( )　(22) 農民 ( )　(23) 農夫 ( )

(24) 農事 ( )　(25) 農地 ( )　(26) 農村 ( )　(27) 農土 ( )

Ⅲ. 다음 한자어(漢字語)의 讀音(독음)을 쓰세요.

<예(例)>　漢字 → 한자

(1) 答紙 ( )　(2) 大道 ( )　(3) 大同 ( )　(4) 大夫人 ( )

(5) 大食家 ( )　(6) 大王 ( )　(7) 大學 ( )　(8) 大韓 ( )

(9) 道立 ( )　(10) 道人 ( )　(11) 洞口 ( )　(12) 動力 ( )

(13) 洞里 ( )　(14) 同名 ( )　(15) 東門 ( )

(16) 東問西答 (   )　(17) 動物 ( )　(18) 洞民 ( )

(19) 東西 ( )　(20) 同姓 ( )　(21) 同數 ( )　(22) 同時 ( )

(23) 同一 ( )　(24) 冬日 ( )　(25) 洞長 ( )　(26) 冬天 ( )

(27) 東海 ( )　(28) 登校 ( )　(29) 登山 ( )　(30) 登場 ( )

Ⅳ. 다음 한자어(漢字語)의 讀音(독음)을 쓰세요.

<예(例)>　漢字 → 한자

(1) 萬國旗 ( )　(2) 萬里 ( )　(3) 萬物 ( )　(4) 萬事 ( )

(5) 每年 ( )　(6) 每事 ( )　(7) 每時 ( )　(8) 每月 ( )

(9) 每日 ( )　(10) 面前 ( )　(11) 命名 ( )　(12) 名文 ( )

夙興夜寐　勿懶讀書　일찍 일어나고 밤늦게 자면서, 책읽기를 게을리 하지 말아야 합니다. —『사자소학四字小學』

D-22 독 음讀音

(13) 名物 (   )　　(14) 名所 (   )　　(15) 名言 (   )　　(16) 母子 (   )

(17) 木花 (   )　　(18) 問答 (   )　　(19) 文物 (   )　　(20) 文學 (   )

(21) 物主 (   )

D-22

쓰기 書

한자	훈음	부수·획수	필순
然	그럴 연	(灬/火 총12획)	ノ ク タ タ 夕 夘 夘 然 然 然 然 然
午	낮 오	(十 총4획)	ノ 𠂉 𠂉 午
右	오른 우	(口 총5획)	ノ ナ 十 右 右
有	있을 유	(月/肉 총6획)	ノ ナ 十 冇 有 有
育	기를 육	(月/肉 총8획)	` 亠 亠 亠 亠 育 育 育
邑	고을 읍	(邑 총7획)	ㅣ 口 口 吕 吕 吕 邑
入	들 입	(入 총2획)	ノ 入

父母有病 憂而謀療 부모님께서 병이 나시면, 근심하면서 병 고칠 방법을 찾아야 합니다. —『사자소학四字小學』

D-21

독 음 讀音

V. 다음 한자어(漢字語) 의 讀音(독음)을 쓰세요.

(1) 方面 (　) (2) 白旗 (　) (3) 百年 (　) (4) 百方 (　)

(5) 百姓 (　) (6) 白紙 (　) (7) 便所 (　) (8) 父母 (　)

(9) 父王 (　) (10) 夫人 (　) (11) 不自然 (　)

(12) 不正 (　) (13) 不足 (　) (14) 父兄 (　) (15) 北海 (　)

(16) 不問 (　) (17) 不安 (　) (18) 不便 (　) (19) 不平 (　)

(20) 不孝 (　) (21) 不孝子 (　)

VI-1. 다음 한자어(漢字語) 의 讀音(독음)을 쓰세요.

(1) 事物 (　) (2) 四方 (　) (3) 山林 (　) (4) 山水 (　)

(5) 算數 (　) (6) 山川 (　) (7) 山川草木 (　)

(8) 山村 (　) (9) 算出 (　) (10) 三寸 (　) (11) 上空 (　)

(12) 上氣 (　) (13) 上下 (　) (14) 上下左右 (　)

(15) 色色 (　) (16) 色紙 (　) (17) 生命 (　) (18) 生育 (　)

(19) 生花 (　) (20) 生活 (　) (21) 西海 (　) (22) 夕食 (　)

(23) 先山 (　) (24) 先生 (　) (25) 先祖 (　) (26) 姓名 (　)

(27) 世道 (　) (28) 世上 (　) (29) 世上萬事 (　)

(30) 少女 (　)

D-21

독 음讀音

VI-2. 다음 한자어(漢字語) 의 讀音(독음)을 쓰세요.

<예(例)>   漢字 → 한자

(1) 小心 (　) 　　(2) 所有 (　) 　　(3) 所重 (　) 　　(4) 手工 (　)

(5) 手記 (　) 　　(6) 水道 (　) 　　(7) 手動 (　) 　　(8) 手足 (　)

(9) 手中 (　) 　　(10) 數千 (　) 　　(11) 數學 (　) 　　(12) 手話 (　)

(13) 時間 (　) 　　(14) 時空 (　) 　　(15) 市立 (　) 　　(16) 市民 (　)

(17) 時事 (　) 　　(18) 市場 (　) 　　(19) 食口 (　) 　　(20) 植木 (　)

(21) 植木日 (　) 　　　　(22) 食事 (　) 　　(23) 食生活 (　)

(24) 食水 (　) 　　(25) 室內 (　) 　　(26) 心中 (　) 　　(27) 心地 (　)

(28) 十年 (　) 　　(29) 十日 (　)

VII-1. 다음 한자어(漢字語) 의 讀音(독음)을 쓰세요.

<예(例)>   漢字 → 한자

(1) 安心 (　) 　　(2) 安全 (　) 　　(3) 語學 (　) 　　(4) 女軍 (　)

(5) 女王 (　) 　　(6) 力不足 (　) 　　(7) 年老 (　) 　　(8) 年數 (　)

(9) 五日 (　) 　　(10) 午日 (　) 　　(11) 午前 (　) 　　(12) 午後 (　)

(13) 王家 (　) 　　(14) 王立 (　) 　　(15) 王子 (　) 　　(16) 外國語 (　)

(17) 外來 (　) 　　(18) 外來語 (　) 　　(19) 外食 (　) 　　(20) 外出 (　)

(21) 有名 (　) 　　(22) 有事時 (　) 　　(23) 育林 (　) 　　(24) 六寸 (　)

(25) 六村 (　) 　　(26) 邑內 (　) 　　(27) 邑民 (　) 　　(28) 邑長 (　)

對案不食 思得良饌　부모님께서 밥을 안 잡수시면, 좋은 반찬을 찾아보아야 합니다. ―「사자소학四字小學」

D-21

독 음讀音

(29) 里長 (　　)　　(30) 人間 (　　)

Ⅶ-2. 다음 한자어(漢字語) 의 讀音(독음)을 쓰세요.

<예(例)>　漢字 → 한자

(1) 人口 (　　)　(2) 人氣 (　　)　(3) 人道 (　　)　(4) 人名 (　　)

(5) 人命 (　　)　(6) 人事 (　　)　(7) 人便 (　　)　(8) 日記 (　　)

(9) 日氣 (　　)　(10) 一萬 (　　)　(11) 日夕 (　　)　(12) 一心 (　　)

(13) 日月 (　　)　(14) 一月 (　　)　(15) 林木 (　　)　(16) 入口 (　　)

(17) 入國 (　　)　(18) 立國 (　　)　(19) 立冬 (　　)　(20) 入室 (　　)

(21) 立場 (　　)　(22) 入住 (　　)　(23) 立秋 (　　)　(24) 立春 (　　)

(25) 立夏 (　　)　(26) 入學 (　　)

D-21

쓰 기 書

自	`丿 亻 白 白 自 自`
스스로 자 (自 총6획)	

子	`フ 了 子`
아들 자 (子 총3획)	

字	`丶 丶 宀 宁 字 字`
글자 자 (宀 총6획)	

場	`一 十 土 圹 圹 圬 圬 坦 坍 場 場 場`
마당 장 (土 총12획)	

電	`一 厂 广 币 币 雨 雨 雨 零 雷 雷 雷 電`
번개 전 (雨 총13획)	

全	`丿 入 亼 仐 全 全`
온전 전 (入 총6획)	

前	`丶 丷 艹 广 芐 肯 肯 前 前`
앞 전 (刀/刂 총9획)	

飲食親前　母出器聲　부모님 앞에서 음식을 먹을 적엔, 그릇 부딪치는 소리를 내지 말아야 합니다. —『사자소학四字小學』

D-20

독 음讀音

Ⅷ-1. 다음 한자어(漢字語) 의 讀音(독음)을 쓰세요.

<예(例)> 漢字 → 한자

(1) 自國民 (　　) (2) 子女 (　　) (3) 自動 (　　) (4) 自動車 (　　)

(5) 自立 (　　) (6) 自問 (　　) (7) 自問自答 (　　)

(8) 自然 (　　) (9) 子弟 (　　) (10) 自足 (　　) (11) 自主 (　　)

(12) 長江 (　　) (13) 長男 (　　) (14) 場面 (　　) (15) 長子 (　　)

(16) 電工 (　　) (17) 全國 (　　) (18) 全國民 (　　) (19) 電氣 (　　)

(20) 電動 (　　) (21) 全力 (　　) (22) 電力 (　　) (23) 全面 (　　)

(24) 前方 (　　) (25) 電車 (　　) (26) 電火 (　　) (27) 電話 (　　)

(28) 前後 (　　) (29) 前後左右 (　　) (30) 正道 (　　)

Ⅷ-2. 다음 한자어(漢字語) 의 讀音(독음)을 쓰세요.

<예(例)> 漢字 → 한자

(1) 正門 (　　) (2) 正午 (　　) (3) 正字 (　　) (4) 正直 (　　)

(5) 弟子 (　　) (6) 祖國 (　　) (7) 祖父母 (　　) (8) 祖上 (　　)

(9) 左右 (　　) (10) 左便 (　　) (11) 左向左 (　　) (12) 住民 (　　)

(13) 主上 (　　) (14) 住所 (　　) (15) 主食 (　　) (16) 主語 (　　)

(17) 主人 (　　) (18) 重大 (　　) (19) 中力 (　　) (20) 重力 (　　)

(21) 中立 (　　) (22) 中心 (　　) (23) 中秋 (　　) (24) 紙面 (　　)

(25) 地面 (　　) (26) 地名 (　　) (27) 地方 (　　) (28) 地方色 (　　)

D-20

독 음 讀音

(29) 地中海 (　　　) (30) 地下水 (　　　) (31) 直立 (　　　)

(32) 直面 (　　) (33) 直後 (　　)

Ⅸ. 다음 한자어(漢字語)의 讀音(독음)을 쓰세요.

〈예(例)〉 漢字 → 한자

(1) 車道 (　　) (2) 車主 (　　) (3) 千軍 (　　) (4) 千金 (　　)

(5) 天氣 (　　) (6) 千年 (　　) (7) 千年萬年 (　　　　)

(8) 千萬 (　　) (9) 天命 (　　) (10) 天然 (　　) (11) 天地 (　　)

(12) 天下 (　　) (13) 靑旗 (　　) (14) 靑色 (　　) (15) 靑春 (　　)

(16) 草家 (　　) (17) 草木 (　　) (18) 村夫 (　　) (19) 秋夕 (　　)

(20) 春三月 (　　) (21) 春色 (　　) (22) 春川 (　　) (23) 春秋 (　　)

(24) 春夏秋冬 (　　　) (25) 出家 (　　) (26) 出口 (　　)

(27) 出動 (　　) (28) 出生 (　　) (29) 出生地 (　　　) (30) 出世 (　　)

(31) 出入 (　　) (32) 出入門 (　　　) (33) 七夕 (　　)

(34) 七月 (　　) (35) 七千 (　　)

Ⅹ. 다음 한자어(漢字語)의 讀音(독음)을 쓰세요.

〈예(例)〉 漢字 → 한자

(1) 土地 (　　) (2) 八寸 (　　) (3) 便安 (　　) (4) 便紙 (　　)

(5) 平面 (　　) (6) 平生 (　　) (7) 平安 (　　)

衣服雖惡　與之必着　나쁜 옷이라도, 부모님이 주시면 꼭 입어야 합니다. ―『사자소학四字小學』

D-20

독 음讀音

XI. 다음 한자어(漢字語)의 讀音(독음)을 쓰세요.

〈예(例)〉 漢字 → 한자

(1) 下校 (　)　　(2) 下山 (　)　　(3) 下午 (　)　　(4) 下車 (　)

(5) 夏天 (　)　　(6) 下海 (　)　　(7) 夏海 (　)　　(8) 學校 (　)

(9) 學問 (　)　　(10) 漢江 (　)　　(11) 漢文 (　)　　(12) 漢字 (　)

(13) 漢字語 (　)　　　(14) 海軍 (　)　　(15) 海里 (　)

(16) 海水 (　)　　(17) 海外 (　)　　(18) 海草 (　)　　(19) 兄夫 (　)

(20) 兄弟 (　)　　(21) 火車 (　)　　(22) 花草 (　)　　(23) 活氣 (　)

(24) 活動 (　)　　(25) 活力 (　)　　(26) 活字 (　)　　(27) 活火山 (　)

(28) 孝道 (　)　　(29) 孝心 (　)　　(30) 孝子 (　)　　(31) 後門 (　)

(32) 後世 (　)　　(33) 後食 (　)　　(34) 休日 (　)　　(35) 休紙 (　)

(36) 休學 (　)　　(37) 休火山 (　)

D-20

쓰 기書

正 바를 정 (止 총5획)	一 丁 下 正 正				
祖 할아비 조 (示 총10획)	一 二 亍 亓 示 剂 和 剂 祖 祖				
足 발 족 (足 총7획)	丶 口 口 口 尸 足 足				
左 왼 좌 (工 총5획)	一 ナ 左 左 左				
主 주인/임금 주 (丶 총5획)	丶 二 二 丰 主				
住 살 주 (人 총7획)	丿 亻 亻 亻 住 住 住				
重 무거울 중 (里 총9획)	丿 一 一 千 台 台 盲 重 重				

飲食雖厭　賜之必嘗　　먹기 싫은 음식이라도, 어머님이 주시면 꼭 먹어야 합니다. —『사자소학四字小學』

D-19

훈음訓音

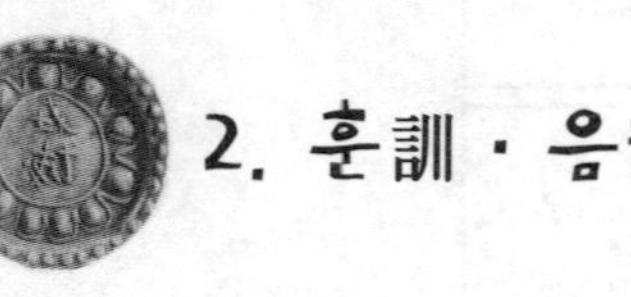

2. 훈訓 · 음音

| 훈음 쓰기 기출 예상문제 |

　훈(訓) · 음(音) 쓰기는 글자의 '뜻과 음'을 함께 쓰는 것을 말합니다. 총 70문항 중에서 30문항이 출제되어 독음쓰기 다음으로 높은 비중을 차지합니다. 7급 배정한자의 쓰기 연습을 할 때 훈(訓)과 음(音)을 익히는 연습을 평소에 철저히 해 두시기 바랍니다.

　출제는 4가지 유형으로 나옵니다.

　A형은 단순히 한자(漢字)의 훈(訓)과 음(音)을 묻는 유형입니다. 주의할 점은 반드시 정확한 표기법으로 원래의 音을 써야 한다는 것입니다. 예를 들어, '北'을 '북녘 북'이라 하지 않고 '북녁 북'이라고 하면 틀립니다. 또한 '女'를 '계집 녀'라 하지 않고 '계집 여'라고 써서 틀리는 경우도 많습니다.

　B형은 단어 〈보기〉형으로 출제되어 맞는 답을 고르는 독음(讀音) 문제입니다. 하나의 문장이 주어지고 해당되는 단어에 밑줄이 쳐져 있습니다. 정답을 〈보기〉에서 고를 때 모양이 비슷한 한자(漢字)를 혼동하는 일이 없도록 평소에 정확하게 훈(訓)과 음(音)을 익혀두어야 합니다.

　C형은 A형의 문제와 같은 유형으로서 A형 보다는 조금 쉬운 유형입니다. 그러나 정답을 〈보기〉에서 고를 때 모양이 비슷한 한자(漢字)를 혼동하는 일이 없도록 평소에 정확하게 훈(訓)과 음(音)을 익혀두어야 합니다.

　D형은 B형의 문제와 비슷합니다. B형은 한자어(漢字語)를 묻는 독음(讀音) 문제이지만, D형은 한자(漢字)의 훈(訓)만 묻는 유형입니다. 하나의 문장이 주어지고 해당되는 단어에 밑줄을 쳐서 뜻에 맞는 한자(漢字)를 고르는 문제입니다. 〈보기〉에서 고르는 문제라고 쉽게 생각하지 마시고 평소에 정확하게 훈(訓)과 음(音)을 익혀두어 실수가 없도록 해야 합니다. 기출 예상문제들을 통해 반복연습을 하셔서 실수가 없도록 하세요.

D-19

훈 음 訓音

A 단순형

Ⅰ. 다음 漢字(한자)의 訓(훈:뜻)과 音(음:소리)을 쓰세요.

> 〈예(例)〉 字 → 글자 자

(1) 人 (   )　　(2) 草 (   )　　(3) 活 (   )　　(4) 休 (   )
(5) 白 (   )　　(6) 冬 (   )　　(7) 口 (   )　　(8) 西 (   )
(9) 寸 (   )　　(10) 算 (   )　　(11) 海 (   )　　(12) 室 (   )
(13) 百 (   )　　(14) 老 (   )　　(15) 間 (   )　　(16) 川 (   )
(17) 登 (   )　　(18) 食 (   )　　(19) 村 (   )　　(20) 土 (   )
(21) 敎 (   )　　(22) 夏 (   )　　(23) 植 (   )　　(24) 時 (   )
(25) 火 (   )　　(26) 午 (   )　　(27) 來 (   )　　(28) 東 (   )
(29) 夕 (   )　　(30) 平 (   )

Ⅱ. 다음 漢字(한자)의 訓(훈:뜻)과 音(음:소리)을 쓰세요.

> 〈예(例)〉 字 → 글자 자

(1) 土 (   )　　(2) 子 (   )　　(3) 弟 (   )　　(4) 重 (   )
(5) 紙 (   )　　(6) 有 (   )　　(7) 記 (   )　　(8) 東 (   )
(9) 月 (   )　　(10) 下 (   )　　(11) 敎 (   )　　(12) 木 (   )
(13) 川 (   )　　(14) 植 (   )　　(15) 先 (   )　　(16) 林 (   )
(17) 面 (   )　　(18) 火 (   )　　(19) 直 (   )　　(20) 所 (   )

若告西適　不復東往　서쪽으로 간다고 말하였으면, 동쪽으로 가지 말아야 합니다. ―『사자소학四字小學』

D-19

훈 음訓音

(21) 弟 (　　) 　(22) 重 (　　) 　(23) 市 (　　) 　(24) 月 (　　)

(25) 少 (　　) 　(26) 紙 (　　) 　(27) 有 (　　) 　(28) 住 (　　)

(29) 育 (　　) 　(30) 中 (　　)

Ⅲ. 다음 漢字(한자)의 訓(훈:뜻)과 音(음:소리)을 쓰세요.

> 〈예(例)〉　字 → 글자 자

(1) 五 (　　) 　(2) 正 (　　) 　(3) 紙 (　　) 　(4) 食 (　　)

(5) 面 (　　) 　(6) 九 (　　) 　(7) 內 (　　) 　(8) 冬 (　　)

(9) 花 (　　) 　(10) 有 (　　) 　(11) 白 (　　) 　(12) 夫 (　　)

(13) 記 (　　) 　(14) 林 (　　) 　(15) 住 (　　) 　(16) 足 (　　)

(17) 草 (　　) 　(18) 夏 (　　) 　(19) 土 (　　) 　(20) 歌 (　　)

(21) 生 (　　) 　(22) 先 (　　) 　(23) 紙 (　　) 　(24) 土 (　　)

(25) 草 (　　) 　(26) 四 (　　) 　(27) 洞 (　　) 　(28) 火 (　　)

(29) 少 (　　) 　(30) 然 (　　)

Ⅳ. 다음 漢字(한자)의 訓(훈:뜻)과 音(음:소리)을 쓰세요.

> 〈예(例)〉　字 → 글자 자

(1) 川 (　　) 　(2) 夏 (　　) 　(3) 夫 (　　) 　(4) 少 (　　)

(5) 火 (　　) 　(6) 休 (　　) 　(7) 育 (　　) 　(8) 植 (　　)

(9) 金 (　　) 　(10) 口 (　　) 　(11) 重 (　　) 　(12) 語 (　　)

D-19

훈 음 訓音

(13) 水 (　　　)　　(14) 來 (　　　)　　(15) 空 (　　　)　　(16) 內 (　　　)

(17) 夕 (　　　)　　(18) 日 (　　　)　　(19) 午 (　　　)　　(20) 冬 (　　　)

(21) 花 (　　　)　　(22) 水 (　　　)　　(23) 出 (　　　)　　(24) 祖 (　　　)

(25) 同 (　　　)　　(26) 林 (　　　)　　(27) 食 (　　　)　　(28) 紙 (　　　)

(29) 手 (　　　)　　(30) 夫 (　　　)

Ⅴ. 다음 漢字(한자)의 訓(훈:뜻)과 音(음:소리)을 쓰세요.

> 〈예(例)〉　字 → 글자 자

(1) 川 (　　　)　　(2) 主 (　　　)　　(3) 平 (　　　)　　(4) 夏 (　　　)

(5) 有 (　　　)　　(6) 夫 (　　　)　　(7) 立 (　　　)　　(8) 十 (　　　)

(9) 洞 (　　　)　　(10) 每 (　　　)　　(11) 前 (　　　)　　(12) 小 (　　　)

(13) 先 (　　　)　　(14) 名 (　　　)　　(15) 植 (　　　)　　(16) 育 (　　　)

(17) 住 (　　　)　　(18) 弟 (　　　)　　(19) 火 (　　　)　　(20) 然 (　　　)

(21) 歌 (　　　)　　(22) 年 (　　　)　　(23) 林 (　　　)　　(24) 力 (　　　)

(25) 村 (　　　)　　(26) 中 (　　　)　　(27) 便 (　　　)　　(28) 木 (　　　)

(29) 登 (　　　)　　(30) 食 (　　　)

Ⅵ. 다음 漢字(한자)의 訓(훈:뜻)과 音(음:소리)을 쓰세요.

> 〈예(例)〉　字 → 글자 자

(1) 海 (　　　)　　(2) 金 (　　　)　　(3) 川 (　　　)　　(4) 食 (　　　)

出必告之　反必拜謁　　밖에 나갈 때는 말씀드리고, 돌아와서는 반드시 다녀왔다고 말씀드려야 합니다. —『사자소학四字小學』

D-19

훈 음 訓音

(5) 每 (　　)　(6) 休 (　　)　(7) 左 (　　)　(8) 立 (　　)

(9) 有 (　　)　(10) 市 (　　)　(11) 命 (　　)　(12) 重 (　　)

(13) 世 (　　)　(14) 六 (　　)　(15) 白 (　　)　(16) 先 (　　)

(17) 植 (　　)　(18) 時 (　　)　(19) 然 (　　)　(20) 登 (　　)

(21) 林 (　　)　(22) 正 (　　)　(23) 九 (　　)　(24) 手 (　　)

(25) 寸 (　　)　(26) 春 (　　)　(27) 來 (　　)　(28) 色 (　　)

(29) 車 (　　)　(30) 夏 (　　)

Ⅶ. 다음 漢字(한자)의 訓(훈:뜻)과 音(음:소리)을 쓰세요.

> 〈예(例)〉　字 → 글자 자

(1) 足 (　　)　(2) 天 (　　)　(3) 同 (　　)　(4) 動 (　　)

(5) 夫 (　　)　(6) 中 (　　)　(7) 紙 (　　)　(8) 有 (　　)

(9) 村 (　　)　(10) 年 (　　)　(11) 間 (　　)　(12) 工 (　　)

(13) 口 (　　)　(14) 氣 (　　)　(15) 道 (　　)　(16) 九 (　　)

(17) 記 (　　)　(18) 林 (　　)　(19) 敎 (　　)　(20) 海 (　　)

(21) 月 (　　)　(22) 門 (　　)　(23) 事 (　　)　(24) 十 (　　)

(25) 金 (　　)　(26) 面 (　　)　(27) 立 (　　)　(28) 心 (　　)

(29) 火 (　　)　(30) 冬 (　　)

D-19

쓰 기 書

紙	⟍ ⟋ ⟍ ⟍ 纟 糸 糸 糸 紅 紅 紙				
종이 지 (糸 총10획)					

地	一 十 土 圠 地 地				
따/땅 지 (土 총6획)					

直	⟍ 十 广 市 市 首 直 直				
곧을 직 (目 총8획)					

川	ノ 丿 川				
내 천 (川/巛 총3획)					

千	⟍ 二 千				
일천 천 (十 총3획)					

天	一 二 チ 天				
하늘 천 (大 총4획)					

草	⟍ 十 ㅛ 节 艹 节 芌 苩 草 草				
풀 초 (⺾/艸 총10획)					

勿與人鬪 父母憂之　남과 싸우면 부모님께서 근심하십니다. ─『사자소학四字小學』

D-18

훈 음 訓音

VIII. 다음 漢字(한자)의 訓(훈:뜻)과 音(음:소리)을 쓰세요.

<예(例)>　字 → 글자 자

(1) 國 (　　) (2) 校 (　　) (3) 動 (　　) (4) 立 (　　)
(5) 每 (　　) (6) 先 (　　) (7) 植 (　　) (8) 紙 (　　)
(9) 後 (　　) (10) 便 (　　) (11) 間 (　　) (12) 工 (　　)
(13) 口 (　　) (14) 氣 (　　) (15) 道 (　　) (16) 九 (　　)
(17) 記 (　　) (18) 林 (　　) (19) 敎 (　　) (20) 年 (　　)
(21) 午 (　　) (22) 北 (　　) (23) 邑 (　　) (24) 算 (　　)
(25) 室 (　　) (26) 數 (　　) (27) 祖 (　　) (28) 萬 (　　)
(29) 漢 (　　) (30) 弟 (　　)

IX. 다음 漢字(한자)의 訓(훈:뜻)과 音(음:소리)을 쓰세요.

<예(例)>　字 → 글자 자

(1) 歌 (　　) (2) 校 (　　) (3) 旗 (　　) (4) 登 (　　)
(5) 活 (　　) (6) 韓 (　　) (7) 平 (　　) (8) 足 (　　)
(9) 字 (　　) (10) 上 (　　) (11) 來 (　　) (12) 電 (　　)
(13) 重 (　　) (14) 問 (　　) (15) 左 (　　) (16) 千 (　　)
(17) 色 (　　) (18) 夏 (　　) (19) 道 (　　) (20) 物 (　　)
(21) 月 (　　) (22) 母 (　　) (23) 海 (　　) (24) 靑 (　　)
(25) 工 (　　) (26) 氣 (　　) (27) 答 (　　) (28) 市 (　　)

D-18

훈 음 訓音

(29) 白 (   )　　(30) 休 (   )

Ⅹ. 다음 漢字(한자)의 訓(훈:뜻)과 音(음:소리)을 쓰세요.

<예(例)> 字 → 글자 자

(1) 話 (   )　(2) 平 (   )　(3) 土 (   )　(4) 出 (   )

(5) 秋 (   )　(6) 紙 (   )　(7) 安 (   )　(8) 然 (   )

(9) 植 (   )　(10) 姓 (   )　(11) 全 (   )　(12) 育 (   )

(13) 十 (   )　(14) 西 (   )　(15) 文 (   )　(16) 里 (   )

(17) 命 (   )　(18) 記 (   )　(19) 內 (   )　(20) 農 (   )

(21) 軍 (   )　(22) 年 (   )　(23) 空 (   )　(24) 林 (   )

(25) 百 (   )　(26) 時 (   )　(27) 世 (   )　(28) 出 (   )

(29) 場 (   )　(30) 直 (   )

見善從之　知過必改　착한 것을 보았으면 따르고, 잘못을 알았으면 반드시 고쳐야 합니다. ─『사자소학四字小學』

D-18

훈 음 訓音

B 한자어(漢字語) 보기형

Ⅰ. 다음 문장에서 밑줄 친 단어의 漢字(한자)를 〈예〉에서 골라 그 번호를 쓰세요.

〈예(例)〉 ① 每月 ② 山村 ③ 世上 ④ 車道

(1) 이모님 댁은 <u>산촌</u>입니다.
(2) 사람들은 <u>차도</u>로 다니면 안됩니다.

Ⅱ. 다음 문장에서 밑줄 친 단어의 漢字(한자)를 〈예〉에서 골라 그 번호를 쓰세요.

〈예(例)〉 ① 學生 ② 農夫 ③ 軍旗 ④ 國花

(1) 우리 아버지는 <u>농부</u>이십니다.
(2) 우리 반은 <u>학생</u>수가 많습니다.

Ⅲ. 다음 문장에서 밑줄 친 단어의 漢字(한자)를 〈예〉에서 골라 그 번호를 쓰세요.

〈예(例)〉 ① 祖國 ② 自然 ③ 外國 ④ 千金

(1) 이 선물은 <u>천금</u>을 주어도 살 수 없습니다.
(2) 여름이면 사람들이 <u>외국</u>으로 여행을 갑니다.

D-18

훈 음 訓音

Ⅳ. 다음 문장에서 밑줄 친 단어의 漢字(한자)를 〈예〉에서 골라 그 번호를 쓰세요.

〈예(例)〉　① 校旗　② 正直　③ 姓名　④ 敎室

(1) 우리 집 가훈은 정직입니다.
(2) 교실에서는 뛰어다니지 않습니다.

Ⅴ. 다음 문장에서 밑줄 친 단어의 漢字(한자)를 〈예〉에서 골라 그 번호를 쓰세요.

〈예(例)〉　① 大同　② 校花　③ 西海　④ 時間

(1) 한강은 서해로 흘러갑니다.
(2) 시간은 금이다.

Ⅵ. 다음 문장에서 밑줄 친 단어의 漢字(한자)를 〈예〉에서 골라 그 번호를 쓰세요.

〈예(例)〉　① 市場　② 西海　③ 市長　④ 東海

(1) 시장에 가면 온갖 물건들이 많습니다.
(2) 동해에는 울릉도가 있습니다.

我身能善　譽及父母　　내가 착하면, 부모님이 남들에게 칭송을 듣습니다. —『사자소학四字小學』

D-18

쓰기 書

村	一 十 才 才 木 村 村
마을 촌 (木 총7획)	

秋	一 二 千 千 禾 禾 利 秋 秋
가을 추 (禾 총9획)	

春	一 二 三 声 夫 未 春 春 春
봄 춘 (日 총9획)	

出	丨 屮 中 出 出
날 출 (凵 총5획)	

便	丿 亻 亻 亻 佢 佢 佢 便 便
편할 편/똥오줌 변 (人/亻 총9획)	

平	一 二 示 示 平
평평할 평 (干 총5획)	

下	一 丁 下
아래 하 (一 총3획)	

D-17

훈 음 訓音

C 훈(訓)·음(音) 보기형

I. 다음 訓(훈:뜻)과 音(음:소리)에 맞는 漢字(한자)를 〈예〉에서 골라 그 번호를 쓰세요.

> 〈예(例)〉 ① 心 ② 邑 ③ 命 ④ 軍 ⑤ 安
>
> ⑥ 家 ⑦ 花 ⑧ 時 ⑨ 平 ⑩ 內

(1) 꽃 화 (　)　　(2) 마음 심 (　)　　(3) 집 가 (　)　　(4) 목숨 명 (　)

(5) 때 시 (　)　　(6) 군사 군 (　)　　(7) 안 내 (　)　　(8) 편안 안 (　)

(9) 평평할 평 (　)　　(10) 고을 읍 (　)

II. 다음 訓(훈:뜻)과 音(음:소리)에 맞는 漢字(한자)를 〈예〉에서 골라 그 번호를 쓰세요.

> 〈예(例)〉 ① 口 ② 靑 ③ 空 ④ 力 ⑤ 四
>
> ⑥ 少 ⑦ 林 ⑧ 邑 ⑨ 面 ⑩ 命

(1) 푸를 청 (　)　(2) 목숨 명 (　)　(3) 넉 사 (　)　　(4) 낯 면 (　)

(5) 빌 공 (　)　(6) 적을 소 (　)　(7) 힘 력 (　)　　(8) 수풀 림 (　)

(9) 입 구 (　)　(10) 고을 읍 (　)

若得美果　歸獻父母　맛있는 과실을 얻으면, 부모님께 먼저 드려야 합니다. ─『사자소학四字小學』

D-17

훈 음 訓音

Ⅲ. 다음 訓(훈:뜻)과 音(음:소리)에 맞는 漢字(한자)를 〈예〉에서 골라 그 번호를 쓰세요.

〈예(例)〉　①月　②口　③川　④天　⑤水
　　　　　　⑥村　⑦車　⑧草　⑨世　⑩家

(1) 풀 초 (　　) (2) 집 가 (　　)　　(3) 입 구 (　　)　　(4) 물 수 (　　)
(5) 달 월 (　　) (6) 수레 거 (　　)　(7) 마을 촌 (　　) (8) 하늘 천 (　　)
(9) 내 천 (　　) (10) 인간 세 (　　)

Ⅳ. 다음 訓(훈:뜻)과 音(음:소리)에 맞는 漢字(한자)를 〈예〉에서 골라 그 번호를 쓰세요.

〈예(例)〉　①年　②空　③足　④四　⑤來
　　　　　　⑥命　⑦山　⑧土　⑨力　⑩九

(1) 해 년 (　　) (2) 아홉 구 (　　)　(3) 올 래 (　　)　(4) 목숨 명 (　　)
(5) 빌 공 (　　) (6) 발 족 (　　)　　(7) 흙 토 (　　)　(8) 넉 사 (　　)
(9) 메 산 (　　) (10) 힘 력 (　　)

D-17

훈 음 訓音

V. 다음 訓(훈:뜻)과 音(음:소리)에 맞는 漢字(한자)를 〈예〉에서 골라 그 번호를 쓰세요.

> 〈예(例)〉 ① 物 ② 下 ③ 空 ④ 金 ⑤ 話
> ⑥ 夏 ⑦ 休 ⑧ 所 ⑨ 國 ⑩ 家

(1) 아래 하 (　)　(2) 바 소 (　)　(3) 물건 물 (　)　(4) 쇠 금 (　)

(5) 빌 공 (　)　(6) 여름 하 (　)　(7) 쉴 휴 (　)　(8) 말씀 화 (　)

(9) 집 가 (　)　(10) 나라 국 (　)

VI. 다음 訓(훈:뜻)과 音(음:소리)에 맞는 漢字(한자)를 〈예〉에서 골라 그 번호를 쓰세요.

> 〈예(例)〉 ① 有 ② 然 ③ 草 ④ 命 ⑤ 事
> ⑥ 寸 ⑦ 植 ⑧ 日 ⑨ 歌 ⑩ 夕

(1) 노래 가 (　)　(2) 목숨 명 (　)　(3) 그럴 연 (　)　(4) 마디 촌 (　)

(5) 있을 유 (　)　(6) 일 사 (　)　(7) 풀 초 (　)　(8) 심을 식 (　)

(9) 날 일 (　)　(10) 저녁 석 (　)

VII. 다음 訓(훈:뜻)과 音(음:소리)에 맞는 漢字(한자)를 〈예〉에서 골라 그 번호를 쓰세요.

> 〈예(例)〉 ① 邑 ② 植 ③ 四 ④ 全 ⑤ 面
> ⑥ 川 ⑦ 年 ⑧ 父 ⑨ 育 ⑩ 活

(1) 낯 면 (　)　(2) 기를 육 (　)　(3) 살 활 (　)　(4) 심을 식 (　)

室堂有塵　常以帚掃　방이나 집안에 먼지가 있으면, 언제나 깨끗이 쓸어야 합니다. —「사자소학四字小學」

D-17

훈음 訓音

(5) 해 년 (   ) (6) 아비 부 (   ) (7) 고을 읍 (   ) (8) 온전 전 (   )
(9) 내 천 (   ) (10) 넉 사 (   )

Ⅷ. 다음 訓(훈:뜻)과 音(음:소리)에 맞는 漢字(한자)를 〈예〉에서 골라 그 번호를 쓰세요.

〈예(例)〉　①年　②色　③然　④民　⑤足
　　　　　　⑥軍　⑦所　⑧工　⑨土　⑩食

(1) 발 족 (   ) (2) 장인 공 (   ) (3) 해 년 (   ) (4) 밥 식 (   )
(5) 바 소 (   ) (6) 그럴 연 (   ) (7) 빛 색 (   ) (8) 군사 군 (   )
(9) 흙 토 (   ) (10) 백성 민 (   )

Ⅸ. 다음 訓(훈:뜻)과 音(음:소리)에 맞는 漢字(한자)를 〈예〉에서 골라 그 번호를 쓰세요.

〈예(例)〉　①命　②有　③民　④室　⑤登
　　　　　　⑥足　⑦秋　⑧弟　⑨事　⑩後

(1) 집 실 (   ) (2) 가을 추 (   ) (3) 목숨 명 (   ) (4) 뒤 후 (   )
(5) 있을 유 (   ) (6) 일 사 (   ) (7) 백성 민 (   ) (8) 오를 등 (   )
(9) 아우 제 (   ) (10) 발 족 (   )

D-17

쓰 기書

夏 여름 하 (夊 총10획)	一 一 丆 丆 页 页 百 頁 夏 夏
漢 한수/한나라 한 (氵/水 총14획)	丶 丶 氵 氵 汁 汸 浐 汢 淮 潽 漢 漢
海 바다 해 (氵/水 총10획)	丶 丶 氵 氵 汴 洨 海 海 海 海
話 말씀 화 (言 총13획)	丶 亠 亠 言 言 言 訁 訏 話 話 話
花 꽃 화 (艸/⁺⁺ 총8획)	丶 丷 艹 艹 艻 花 花 花

頭容必直　目容必端　머리 모양은 곧게 하고, 눈 모양은 바르게 해야 합니다.　―『사자소학四字小學』

D-16

훈 음 訓音

D 훈(訓)쓰기 보기형

Ⅰ. 다음 문장에서 밑줄 친 단어와 같은 뜻을 지닌 漢字(한자)를 〈예〉에서 골라 그 번호를 쓰세요.

〈예(例)〉 ① 來 ② 里 ③ 間 ④ 動

(1) 꽃들 사이로 나비가 날아다닙니다.
(2) 오는 말이 고와야 가는 말이 곱다.

Ⅱ. 다음 문장에서 밑줄 친 단어와 같은 뜻을 지닌 漢字(한자)를 〈예〉에서 골라 그 번호를 쓰세요.

〈예(例)〉 ① 休 ② 先 ③ 白 ④ 安

(1) 간밤에 눈이 와서 세상이 하얗게 변했습니다.
(2) 마음을 편안하게 가져라.

Ⅲ. 다음 문장에서 밑줄 친 단어와 같은 뜻을 지닌 漢字(한자)를 〈예〉에서 골라 그 번호를 쓰세요.

〈예(例)〉 ① 中 ② 前 ③ 來 ④ 不

(1) 학교 앞에는 문방구가 있습니다.

훈 음 訓音

(2) 공을 <u>가운데</u>로 집어 넣어라.

Ⅳ. 다음 문장에서 밑줄 친 단어와 같은 뜻을 지닌 漢字(한자)를 〈예〉에서 골라 그 번호를 쓰세요.

> 〈예(例)〉 ① 先 ② 色 ③ 花 ④ 話

(1) 우리 집에서는 엄마가 제일 <u>먼저</u> 일어납니다.
(2) 아빠가 저녁 때 <u>꽃</u>을 사오셨습니다.

Ⅴ. 다음 문장에서 밑줄 친 단어와 같은 뜻을 지닌 漢字(한자)를 〈예〉에서 골라 그 번호를 쓰세요.

> 〈예(例)〉 ① 自 ② 靑 ③ 直 ④ 全

(1) 도로가 <u>곧게</u> 뻗어 있습니다.
(2) 자기 일은 <u>스스로</u> 하자.

Ⅵ. 다음 문장에서 밑줄 친 단어와 같은 뜻을 지닌 漢字(한자)를 〈예〉에서 골라 그 번호를 쓰세요.

> 〈예(例)〉 ① 色 ② 重 ③ 靑 ④ 面

(1) 가방이 <u>무거워서</u> 엄마가 들어주었습니다.

貧窮患難 親戚相救　가난하고 어려울 적엔, 친척끼리 서로 도와주어야 합니다. —『사자소학四字小學』

D-16

훈 음 訓音

(2) 맑고 푸른 바다에 물고기들이 놉니다.

Ⅶ. 다음 문장에서 밑줄 친 단어와 같은 뜻을 지닌 漢字(한자)를 〈예〉에서 골라 그 번호를 쓰세요.

〈예(例)〉　① 直　② 話　③ 休　④ 白

(1) 하얀 눈이 밤새 내렸습니다.
(2) 바르고 곧은 마음씨를 지니자.

Ⅷ. 다음 문장에서 밑줄 친 단어와 같은 뜻을 지닌 漢字(한자)를 〈예〉에서 골라 그 번호를 쓰세요.

〈예(例)〉　① 休　② 直　③ 先　④ 正

(1) 이번에는 네가 먼저 노래를 하여라.
(2) 내일은 쉬는 날입니다.

D-16

쓰 기書

活 살 활 (氵/水 총9획)	丶丶冫氵浐汗汗活活活				

孝 효도 효 (子 총7획)	一十土耂耂考孝				

後 뒤 후 (彳 총9획)	丿彳彳彳彳彳彳後後				

休 쉴 휴 (人/亻 총6획)	丿亻仁什休休				

兄友弟恭　不敢怒怨　　형과 아우는, 서로 성내거나 원망하지 말아야 합니다. —『사자소학四字小學』

D-15

반의어 反意語

3 반의어反義語

| 반의어反義語 익히기 |

ㄱ 으로 시작하는 한자漢字

강산 : 江 ↔ 山 : 강 ↔ 산
공해 : 空 ↔ 海 : 하늘 ↔ 바다
교학 : 敎 ↔ 學 : 가르치다 ↔ 배우다
국가 : 國 ↔ 家 : 나라 ↔ 집

ㄴ 으로 시작하는 한자漢字

남녀 : 男 ↔ 女 : 남자 ↔ 여자
남북 : 南 ↔ 北 : 남쪽 ↔ 북쪽
내외 : 內 ↔ 外 : 안 ↔ 바깥
노소 : 老 ↔ 少 : 늙다 ↔ 젊다

ㄷ 으로 시작하는 한자漢字

대소 : 大 ↔ 小 : 크다 ↔ 작다
동서 : 東 ↔ 西 : 동쪽 ↔ 서쪽
동하 : 冬 ↔ 夏 : 겨울 ↔ 여름
등하 : 登 ↔ 下 : 오르다 ↔ 내려오다

D-15

반의어 反意語

□ 으로 시작하는 한자漢字

모녀 :　母 ↔ 女　: 어머니 ↔ 딸(계집)
문답 :　問 ↔ 答　: 물어보다 ↔ 대답하다
물심 :　物 ↔ 心　: 물건 ↔ 마음

ㅂ 으로 시작하는 한자漢字

부모 :　父 ↔ 母　: 아버지 ↔ 어머니
부자 :　父 ↔ 子　: 아버지 ↔ 아들

ㅅ 으로 시작하는 한자漢字

산천 :　山 ↔ 川　: 산 ↔ 내
상하 :　上 ↔ 下　: 위 ↔ 아래
생사 :　生 ↔ 死　: 살다 ↔ 죽다
선후 :　先 ↔ 後　: 먼저 ↔ 뒤
수족 :　手 ↔ 足　: 손 ↔ 발
수화 :　水 ↔ 火　: 물 ↔ 불
심신 :　心 ↔ 身　: 마음 ↔ 몸

ㅇ 으로 시작하는 한자漢字

일월 :　日 ↔ 月　: 해 ↔ 달

兄有過失　和氣以諫　형에게 잘못이 있으면, 부드럽게 말해 주어야 합니다.　―「사자소학四字小學」

D-15

반의어 反意語

ㅈ 으로 시작하는 한자漢字

자녀 : 子 ↔ 女 : 아들 ↔ 딸(계집)
전후 : 前 ↔ 後 : 앞 ↔ 뒤
좌우 : 左 ↔ 右 : 왼쪽 ↔ 오른쪽

ㅊ 으로 시작하는 한자漢字

천지 : 天 ↔ 地 : 하늘 ↔ 땅
초목 : 草 ↔ 木 : 풀 ↔ 나무
춘추 : 春 ↔ 秋 : 봄 ↔ 가을
출입 : 出 ↔ 入 : 나가다 ↔ 들어오다

ㅎ 으로 시작하는 한자漢字

형제 : 兄 ↔ 弟 : 형 ↔ 아우

D-14

반의어 反意語

| 반의어 쓰기 기출 예상문제 |

주어진 한자(漢字)의 정확한 뜻을 파악한 후에 제시된 글자와 뜻이 반대되는 글자를 찾는 문제입니다. 총 70문항 중에서 2문항이 출제됩니다. 〈보기〉형으로 출제되며 한 글자로 문제가 제시됩니다. 평소에 한자(漢字)를 익힐 때, 훈(訓)과 음(音)을 정확하게 익히는 연습을 하세요. '반의어' 유형에 나오는 문제는 한정이 되어 있습니다. 앞장에 나온 '반의어 익히기'의 단어들을 통해 익히면 이 유형은 어렵지 않게 풀 수 있는 문제들입니다.

Ⅰ. 다음 漢字(한자)의 상대 또는 반대되는 漢字(한자)를 〈예〉에서 골라 그 번호를 쓰세요.

〈예(例)〉 ① 小 ② 下 ③ 左 ④ 長 ⑤ 弟 ⑥ 自

---

(1) 兄 (　　)　　　　(2) 上 (　　)

Ⅱ. 다음 漢字(한자)의 상대 또는 반대되는 漢字(한자)를 〈예〉에서 골라 그 번호를 쓰세요.

〈예(例)〉 ① 入 ② 天 ③ 右 ④ 十 ⑤ 山 ⑥ 冬

---

(1) 地 (　　)　　　　(2) 江 (　　)

弟有過誤 怡聲以訓 아우에게 잘못이 있으면, 부드러운 말로 가르쳐야 합니다. —「사자소학四字小學」

D-14

반의어 反意語

Ⅲ. 다음 漢字(한자)의 상대 또는 반대되는 漢字(한자)를 〈예〉에서 골라 그 번호를 쓰세요.

> 〈예(例)〉　①下　②左　③方　④百　⑤小　⑥弟

(1) (　　) 右　　　　　(2) 大 (　　)

Ⅳ. 다음 漢字(한자)의 상대 또는 반대되는 漢字(한자)를 〈예〉에서 골라 그 번호를 쓰세요.

> 〈예(例)〉　①入　②活　③水　④安　⑤後　⑥冬

(1) 前 (　　)　　　　　(2) 夏 (　　)

Ⅴ. 다음 漢字(한자)의 상대 또는 반대되는 漢字(한자)를 〈예〉에서 골라 그 번호를 쓰세요.

> 〈예(例)〉　①前　②小　③邑　④問　⑤西　⑥出

(1) (　　) 答　　　　　(2) 入 (　　)

Ⅵ. 다음 漢字(한자)의 상대 또는 반대되는 漢字(한자)를 〈예〉에서 골라 그 번호를 쓰세요.

D-14

반의어 反意語

〈예(例)〉　① 一　② 地　③ 出　④ 二　⑤ 答　⑥ 西

(1) 天 （　） 　　　　　(2) 東 （　）

Ⅶ. 다음 漢字(한자)의 상대 또는 반대되는 漢字(한자)를 〈예〉에서 골라 그 번호를 쓰세요.

〈예(例)〉　① 夏　② 外　③ 西　④ 兄　⑤ 北　⑥ 弟

(1) （　） 弟 　　　　　(2) 內 （　）

Ⅷ. 다음 漢字(한자)의 상대 또는 반대되는 漢字(한자)를 〈예〉에서 골라 그 번호를 쓰세요.

〈예(例)〉　① 外　② 南　③ 地　④ 少　⑤ 小　⑥ 火

(1) 天 （　） 　　　　　(2) 水 （　）

Ⅸ. 다음 漢字(한자)의 상대 또는 반대되는 漢字(한자)를 〈예〉에서 골라 그 번호를 쓰세요.

〈예(例)〉　① 小 ② 少 ③ 後 ④ 下 ⑤ 弟 ⑥ 出

友其正人 我亦自正　올바른 사람과 친구하면, 나도 저절로 바르게 됩니다. —『사자소학四字小學』

D-14

반의어 反意語

(1) 前 (　　)　　　　　　(2) (　　) 入

Ⅹ. 다음 漢字(한자)의 상대 또는 반대되는 漢字(한자)를 〈예〉에서 골라 그 번호를 쓰세요.

〈예(例)〉　① 出　② 右　③ 答　④ 道　⑤ 下　⑥ 弟

(1) 左 (　　)　　　　　　(2) 問 (　　)

Ⅺ. 다음 漢字(한자)의 상대 또는 반대되는 漢字(한자)를 〈예〉에서 골라 그 번호를 쓰세요.

〈예(例)〉　① 南　② 後　③ 兄　④ 春　⑤ 小　⑥ 弟

(1) (　　) 北　　　　　　(2) 先 (　　)

Ⅻ. 다음 漢字(한자)의 상대 또는 반대되는 漢字(한자)를 〈예〉에서 골라 그 번호를 쓰세요.

〈예(例)〉　① 前　② 全　③ 兄　④ 答　⑤ 少　⑥ 所

(1) (　　) 後　　　　　　(2) 問 (　　)

D-13

완성형

4 완성형

| 완성형 쓰기 기출 예상문제 |

한자(漢字)의 뜻을 보고 정확한 한자어를 완성하는 유형입니다. 총 70문항 중에서 2문항이 출제됩니다. 〈보기〉형으로 제시되며 주로 일상생활에서 쓰이는 단어들이 문제로 출제됩니다. Ⅲ장의 (1) 한자어(漢字語) 독음(讀音) 익히기에 나온 단어들을 충분히 익혀두면 어렵지 않게 풀 수 있는 유형입니다. 물론 평소에 한자(漢字)를 익힐 때, 훈(訓)과 음(音)을 정확하게 익히는 연습을 게을리 하면 안되겠지요?

B형은 경우에 따라서 음이 달라지는 문제를 출제한 것입니다. 딱 한 번 출제된 유형으로서, 역시 '한자어 독음 익히기'에 나온 단어들을 충분히 익혀두면 쉽게 풀 수 있는 문제들입니다.

1번에서 '不'은 '아니 불' 또는 '아니 부' 로서 뜻은 같지만 음이 경우에 따라 달라지는 글자입니다. 즉, '不' 다음에 'ㄷ'이나 'ㅈ'으로 시작하는 글자가 오면 '부'로 읽고 나머지 경우에는 '불'로 읽으면 됩니다. 예를 들어 '不正'은 '正'이 'ㅈ'으로 시작하기 때문에 '불정'이라고 읽으면 안 되고 반드시 '부정'이라고 읽어야 합니다. 그러나 '不平'은 '平'이 'ㅍ'으로 시작되기 때문에 '부평'이라고 읽지 않고 반드시 '불평'이라고 읽어야 합니다. 물론 예외적으로 '不實'은 '實'이 'ㅅ'으로 시작하는 글자임에도 불구하고 '불실'이라고 읽지 않고 그냥 관습대로 '부실'이라고 읽는 경우도 있지만 이를 제외한 나머지 글자들은 위의 원칙을 따릅니다.

2번에서 '車'는 '수레 거' 또는 '수레 차' 로서 뜻은 같지만 음이 경우에 따라서 달라지는 글자입니다. '車'는 '不'과 같은 읽기 원칙은 없습니다. 평소 일상생활에서 쓰이는 단어들을 그대로 외우면 됩니다.

從遊邪人　子亦自邪　　나쁜 사람과 놀면, 나도 저절로 나빠집니다. ―『사자소학四字小學』

D-13 완성형

A형

Ⅰ. 다음 괄호 속에 알맞은 漢字(한자)를 〈예〉에서 골라 그 번호를 쓰세요.

〈예(例)〉 ① 地 ② 門 ③ 夕 ④ 靑

(1) 天 ( ) : 하늘과 땅
(2) 七 ( ) : 음력 7월 7일. 견우와 직녀가 만나는 날

Ⅱ. 다음 괄호 속에 알맞은 漢字(한자)를 〈예〉에서 골라 그 번호를 쓰세요.

〈예(例)〉 ① 四 ② 門 ③ 夕 ④ 校

(1) ( ) 方 : 동서남북 네 방위
(2) ( ) 旗 : 학교를 상징하는 깃발

Ⅲ. 다음 괄호 속에 알맞은 漢字(한자)를 〈예〉에서 골라 그 번호를 쓰세요.

〈예(例)〉 ① 水 ② 足 ③ 門 ④ 正

(1) ( ) 直 : 바르고 곧음
(2) 同 ( ) : 같은 학교를 나온 사람

D-13

완성형

Ⅳ. 다음 괄호 속에 알맞은 漢字(한자)를 〈예〉에서 골라 그 번호를 쓰세요.

> 〈예(例)〉　① 弟　② 四　③ 植　④ 少

(1) 兄 (　　) : 형과 아우
(2) (　　) 木 : 나무를 심다

Ⅴ. 다음 괄호 속에 알맞은 漢字(한자)를 〈예〉에서 골라 그 번호를 쓰세요.

> 〈예(例)〉　① 答　② 手　③ 夕　④ 地

(1) 秋 (　　) : 한가위. 우리나라의 민속 명절
(2) 問 (　　) : 묻고 대답함

Ⅵ. 다음 괄호 속에 알맞은 漢字(한자)를 〈예〉에서 골라 그 번호를 쓰세요.

> 〈예(例)〉　① 天　② 門　③ 家　④ 靑

(1) 同 (　　) : 같은 학교를 나온 사람
(2) (　　) 色 : 푸른 빛

始習文字　字畫楷正　처음 글자를 배울 때에는, 글자의 획을 바르게 써야 합니다. ―『사자소학四字小學』

D-13

완성형

Ⅶ. 다음 괄호 속에 알맞은 漢字(한자)를 〈예〉에서 골라 그 번호를 쓰세요.

〈예(例)〉　①少　②水　③手　④間

(1) 老 (　　) : 늙은이와 젊은이
(2) (　　) 足 : 손과 발

B형

Ⅰ. '不'자는 '불'이라고 읽기도 하고 '부'라고 읽기도 합니다. 다음 漢字語(한자어)는 어떤 음으로 읽는지 그 음(音)을 쓰세요.

(1) 不動 (　　) 동

Ⅱ. 車는 '거'라고 읽기도 하고 '차'로 읽기도 합니다. 다음의 경우에는 어떤 음으로 읽는지 그 음(音)을 쓰세요.

(1) 車馬 (　　) 마

D-12

뜻풀이

5 뜻풀이

| 뜻풀이 쓰기 기출 예상문제 |

> 한자어(漢字語)의 뜻을 풀이하여 우리말로 쓰는 유형입니다. 한자(漢字)의 훈(訓)을 활용하여 뜻을 풀이하면 됩니다. 총 70문항 중에서 2문항이 출제됩니다. Ⅲ장의 (1) 한자어(漢字語) 독음(讀音) 익히기에 나온 단어들을 충분히 익혀두면 어렵지 않게 풀 수 있는 유형입니다. 물론 평소에 한자(漢字)를 익힐 때, 훈(訓)과 음(音)을 정확하게 익히는 연습을 게을리 하면 안되겠지요?

Ⅰ. 다음 漢字語(한자어)의 뜻을 쓰세요.

(1) 登山 (   )

(2) 長男 (   )

Ⅱ. 다음 漢字語(한자어)의 뜻을 쓰세요.

(1) 植木日 (   )

(2) 祖母 (   )

書籍狼藉　每必整頓　책이 어지럽게 깔려 있으면, 언제나 정돈해야 합니다. ―「사자소학四字小學」

D-12  뜻풀이

Ⅲ. 다음 漢字語(한자어)의 뜻을 쓰세요.

(1) 靑旗 (　　　　　　　　　　)
(2) 國語 (　　　　　　　　　　)

Ⅳ. 다음 漢字語(한자어)의 뜻을 쓰세요.

(1) 水中 (　　　　　　　　　　)
(2) 家長 (　　　　　　　　　　)

Ⅴ. 다음 漢字語(한자어)의 뜻을 쓰세요.

(1) 祖父 (　　　　　　　　　　)
(2) 正直 (　　　　　　　　　　)

Ⅵ. 다음 漢字語(한자어)의 뜻을 쓰세요.

(1) 登山 (　　　　　　　　　　)
(2) 外出 (　　　　　　　　　　)

Ⅶ. 다음 漢字語(한자어)의 뜻을 쓰세요.

(1) 日記 (　　　　　　　　　　)
(2) 父母 (　　　　　　　　　　)

D-12

뜻풀이

VIII. 다음 漢字語(한자어)의 뜻을 쓰세요.

(1) 名山 　(　　　　　　　　　　　　　　)
(2) 左右 　(　　　　　　　　　　　　　　)

IX. 다음 漢字語(한자어)의 뜻을 쓰세요.

(1) 姓名 　(　　　　　　　　　　　　　　)
(2) 歌手 　(　　　　　　　　　　　　　　)

X. 다음 漢字語(한자어)의 뜻을 쓰세요.

(1) 春夏秋冬 　(　　　　　　　　　　　　　)
(2) 人間 　(　　　　　　　　　　　　　　)

XI. 다음 漢字語(한자어)의 뜻을 쓰세요.

(1) 登山 　(　　　　　　　　　　　　　　)
(2) 三寸 　(　　　　　　　　　　　　　　)

XII. 다음 漢字語(한자어)의 뜻을 쓰세요.

(1) 前後 　(　　　　　　　　　　　　　　)
(2) 姓名 　(　　　　　　　　　　　　　　)

讀書勤儉　起家之本　책 읽고, 부지런하고, 검소함은, 집안을 일으키는 근본입니다. ―『사자소학四字小學』

D-11

필 순筆順

6 필순筆順

| 필순 원칙 |

붓을 종이에 한 번 대었다가 자연스럽게 뗄 때까지 이루어진 점(·)이나 선(—)을 '획'이라 하고, 획을 그어 글자를 이루어가는 차례를 '필순(筆順)'이라 한다. 漢字(한자)는 다른 문자에 비하여 점과 획수가 많으며, 또한 이들 점과 획이 다양하게 교차하여 글자를 이루어낸다. 따라서 한자(漢字)를 쓸 때는 바른 자세로 바른 순서에 따라 맞게 써야지 글자의 모양도 바르게 되고 쓰기도 쉽게 되며 획수도 정확히 셀 수 있다.

한자능력검정시험에서 올해 처음으로 출제되는 유형입니다. 한자(漢字)는 점과 여러 획수가 다양하게 교차하여 이루어진 글자이기 때문에 평소에 정확한 필순(筆順)을 익혀놓지 않으면 안됩니다. 한자(漢字)는 순서에 맞게 써야만 글자의 모양도 바르게 되고 또한 쉽게 쓸 수 있습니다. 앞에 나온 8급 배정한자 '쓰기연습'에 있는 필순(筆順)대로 정확하게 쓰는 연습을 많이 하세요. 출제된 예상문제들은 평소에 많이 혼동되어 쓰이는 글자들입니다. 반복 연습을 통해 익히고 꼭 기억해 두세요.

D-11

필 순筆順

필순에는 다음과 같은 기본 원칙이 있다.

(1) 위에서 아래로 쓴다.

예 三 석삼 一 二 三

(2) 왼쪽에서 오른쪽으로 쓴다.

예 州 고을주 ` ｊ ｊ 州 州 州

(3) 가로와 세로가 교차할 때는 가로획을 먼저 쓰고 세로획은 나중에 쓴다.

예 十 열십 一 十

(4) 좌우가 같을 때는 가운데를 먼저 쓴다.

예 小 작을소 亅 小 小

(5) 글자 전체를 꿰뚫는 세로획은 맨 나중에 쓴다.

예 中 가운데중 丶 口 口 中

(6) 글자 전체를 꿰뚫는 가로획은 맨 나중에 쓴다.

예 女 계집녀 く 女 女

(7) 삐침丿을 파임\ 보다 먼저 쓴다.

예 父 아버지부 ′ ′′ ゲ 父

(8) 받침의 경우

① 받침을 나중에 쓰는 경우 辶, 廴

예 近 가까울근 ′ ｊ 斤 斤 沂 沂 沂 近

② 받침을 먼저 쓰는 경우 是

예 題 제목제 丨 冂 冂 日 日 早 早 是 昰 昰 昰 昰 題 題 題 題 題 題

D-11

필 순 筆順

| 필순 출제 예상문제 |

Ⅰ. 아래 漢字(한자)의 필순을 숫자로 쓰시오.

(1) 九 자의 삐침丿은 몇 번째 쓰는지 번호로 쓰시오. ( )

(2) 父 자의 삐침丿은 몇 번째 쓰는지 번호로 쓰시오. ( )

(3) 有 자의 삐침丿은 몇 번째 쓰는지 번호로 쓰시오. ( )

Ⅱ. 아래 漢字(한자)를 필순대로 완성하시오.

(1) 女

(2) 水

(3) 十

(4) 六

(5) 木

(6) 山

(7) 火

(8) 母

D-11

필 순 筆順

(9) 人

(10) 七

(11) 父

(12) 土

(13) 兄

(14) 五

(15) 玉

(16) 中

(17) 寸

(18) 小

(19) 北

(20) 出

足容必重　手容必恭　발 모양은 무겁게 하고, 손 모양은 공손하게 해야 합니다. —「사자소학四字小學」

D-11

필 순 筆順

정답 ■ Ⅰ (1) 1　(2) 3　(3) 1
　　　Ⅱ

(1) 女
(2) 水
(3) 十
(4) 六
(5) 木
(6) 山
(7) 火
(8) 母
(9) 人
(10) 七
(11) 父
(12) 土
(13) 兄
(14) 五
(15) 王
(16) 中
(17) 寸
(18) 小
(19) 北
(20) 出

부록

본 문제집에 수록된 실전모의고사 문제는 한자능력검정시험의 최근 기출 문제의 유형을 철저히 분석하여 유형에 따라 예상문제를 출제한 것입니다. 예상문제와 함께 실제의 답안지를 수록함으로써 직접 고사장에서 시험을 보는 것과 같은 연습을 반복할 수 있게 편집하였습니다. 이런 연습을 반복하면 시험을 치르는 적응력이 생기게 되어 시험 당일 고사장에서 당황하여 실수를 저지르는 것을 미연에 방지할 수 있습니다.

먼저 답안지를 잘라서 정해진 시간 내에 문제를 풀어 보십시오. 답안이 작성되었으면 채점을 하여 틀린 부분을 공부하시고 직접 문제지에다 2차로 답안을 작성하시기 바랍니다. 모의고사 한 회당 두 번씩 반복 연습을 하시기 바랍니다.

답안지 작성 요령은 다음과 같습니다. 잘 읽어보시고 그대로 따라 해주시기 바랍니다. 평소에 답안지 작성을 할 때 적응을 해 놓으면 시험 당일 실수를 하지 않습니다.

1. 문제지와 답안지를 받으면 제일 먼저 본인이 신청한 급수와 같은지 확인하셔야 합니다.
2. 확인이 끝났으면 성명과 주민등록번호 그리고 수험번호를 정확하게 기입하셔야 합니다. 성명을 쓰는 칸은 5칸으로 되어 있습니다. 맨앞에 있는 칸에서부터 빈칸 없이 차례대로 성과 이름을 채워나가시면 됩니다. 수험생의 이름은 한자(漢字)로 쓰는 것이 원칙입니다. 자신의 이름을 한자(漢字)로 쓸 수 있게끔 평소에 연습을 해 두세요. 주민등록번호나 수험번호는 가지고 간 수험표를 보고 그대로 작성하면 됩니다.
3. 답안 작성을 할 때 필기구는 반드시 검정색 볼펜이나 검정색 수성 볼펜 또는 검정색 플러스펜을 사용하셔야 합니다. 너무 굵은 필기구로 쓰면 획이 굵어서 글씨가 제대로 보이지 않아 불이익을 당할 수가 있습니다. 적당한 굵기의 필기구를 선택하시기 바랍니다. 주의할 점은 절대로 빨간색 펜을 사용하시면 안된다는 것입니다. OCR 답안지는 빨간색을 읽지 않도록 프로그래밍화 되어 있기 때문에 빨간색으로 쓰면 0점으로 처리가 됩니다. 연필로 답을 쓰면 글씨가 희미하여 잘 읽혀지지 않을 수 있습니다. 평소에 검정색 볼펜을 사용하여 연습하십시오.
4. 답을 쓸 때에는 정답 칸 안에 바른 글씨체로 또박또박 적어야 합니다. 너무 큰 글씨로 써서 정답 칸을 벗어나면 0점 처리가 되니 조심하십시오.
5. 답안지 작성 도중 답을 잘못 썼을 경우에는 수정테이프나 수정액을 사용하여 지우고 다시 쓰면 됩니다. 수정액이 없을 경우에는 잘못 쓴 답 위에다 두 줄을 긋고 다시 쓰셔도 됩니다.
6. 정답란에는 정답 외에 절대로 어떤 글씨도 적으면 안됩니다. 낙서를 하거나 구기거나 답안지를 찢으면 컴퓨터가 인식을 못하여 0점으로 처리될 수 있습니다. 간혹 채점란에다 장난으로 ○ 표시를 하여 채점을 해 놓는 경우가 있는데 이것 역시 0점으로 처리됩니다. 불이익을 당하지 않도록 조심하시기 바랍니다.

제1회 漢字能力檢定試驗 7級 問題紙

(시험시간 : 50분)

※ 다음 漢字語(한자어)의 讀音(독음)을 쓰세요.(1~32)

〈예〉
漢字 → 한자

(1) 父母　　(2) 自然　　(3) 天地

(4) 內室　　(5) 正直　　(6) 人口

(7) 不平　　(8) 長江　　(9) 國家

(10) 孝心　　(11) 休學　　(12) 男女

(13) 市民　　(14) 學校　　(15) 世上

(16) 食口　　(17) 敎室　　(18) 靑色

(19) 立場　　(20) 入學　　(21) 電話

(22) 前方　　(23) 手話　　(24) 每時

(25) 萬里　　(26) 午前　　(27) 住所

(28) 萬事　　(29) 父王　　(30) 南門

(31) 活力　　(32) 時間

※ 다음 漢字(한자)의 訓(훈:뜻)과 音(음:소리)을 쓰세요. (33~52)

〈예〉
字 → 글자 자

(33) 弟　　(34) 水　　(35) 下

(36) 前　　(37) 校　　(38) 林

(39) 口　　(40) 夫　　(41) 兄

(42) 四　　(43) 平　　(44) 來

(45) 心　　(46) 足　　(47) 食

(48) 江　　(49) 休　　(50) 火

(51) 前　　(52) 千

※ 다음 漢字語(한자어)의 뜻을 쓰세요. (53~54)

(53) 登山

(54) 問答

※ 다음 訓(훈:뜻)과 音(음:소리)에 맞는 漢字(한자)를 〈예〉에서 골라 그 번호를 쓰세요. (55~64)

〈예〉
① 下 ② 四 ③ 手 ④ 然 ⑤ 空
⑥ 面 ⑦ 軍 ⑧ 車 ⑨ 所 ⑩ 歌

(55) 손 수   (56) 아래 하
(57) 낯 면   (58) 바 소
(59) 수레 거   (60) 그럴 연
(61) 빌 공   (62) 노래 가
(63) 넉 사   (64) 군사 군

※ 다음 漢字(한자)의 상대 또는 반대 되는 漢字(한자)를 〈예〉에서 골라 그 번호를 쓰세요. (65~66)

〈예〉
① 白   ② 子   ③ 父
④ 答   ⑤ 大   ⑥ 右

(65) 左 - (   )
(66) 間 - (   )

※ 다음 문장에서 밑줄 친 단어의 漢字(한자)를 〈예〉에서 골라 그 번호를 쓰세요. (67~68)

〈예〉
① 白 ② 中 ③ 山村 ④ 農村

(67) 우리 집은 농촌에 있습니다.
(68) 우리들 가운데 지각한 사람은 없습니다.

※ 다음 漢字(한자)의 筆順(필순)을 밝히세요. (69~70)

(69) '水'자에서 ㅣ은 몇 번째에 쓰는지 번호로 답하세요.
(70) '火'자의 쓰는 순서가 올바른 것을 고르세요.

① 2-1-4-3   ② 1-2-3-4
③ 1-2-4-3   ④ 1-3-2-4

(사)한국어문회 · 한국한자능력검정회　　　　　　　　※ 문제지는 답안지와 함께 제출하세요.

※ 다음 漢字語(한자어)의 讀音(독음)을 쓰세요.(1~32)

〈예〉
漢字 → 한자

(1) 四方　　(2) 主人　　(3) 車道

(4) 春秋　　(5) 地方　　(6) 日記

(7) 孝子　　(8) 自然　　(9) 生命

(10) 道人　　(11) 校歌　　(12) 千萬

(13) 不便　　(14) 校門　　(15) 南北

(16) 活力　　(17) 文學　　(18) 先生

(19) 正道　　(20) 老母　　(21) 平生

(22) 東西　　(23) 花草　　(24) 大學

(25) 農土　　(26) 市長　　(27) 時間

(28) 電氣　　(29) 住民　　(30) 王子

(31) 一心　　(32) 平安

※ 다음 漢字(한자)의 訓(훈:뜻)과 音(음:소리)을 쓰세요. (33~52)

〈예〉
字 → 글자 자

(33) 月　　(34) 植　　(35) 外

(36) 子　　(37) 白　　(38) 世

(39) 工　　(40) 有　　(41) 旗

(42) 門　　(43) 敎　　(44) 冬

(45) 然　　(46) 火　　(47) 東

(48) 育　　(49) 草　　(50) 六

(51) 紙　　(52) 出

※ 다음 漢字語(한자어)의 뜻을 쓰세요. (53~54)

(53) 祖父

(54) 每月

※ 다음 訓(훈:뜻)과 音(음:소리)에 맞는 漢字(한자)를 〈예〉에서 골라 그 번호를 쓰세요. (55~64)

〈예〉
① 活 ② 物 ③ 川 ④ 靑 ⑤ 有
⑥ 命 ⑦ 寸 ⑧ 金 ⑨ 全 ⑩ 家

(55) 푸를 청　　　(56) 집 가
(57) 살 활　　　(58) 마디 촌
(59) 물건 물　　　(60) 온전 전
(61) 내 천　　　(62) 있을 유
(63) 쇠 금　　　(64) 목숨 명

※ 다음 漢字(한자)의 상대 또는 반대되는 漢字(한자)를 〈예〉에서 골라 그 번호를 쓰세요. (65~66)

〈예〉
① 主　② 弟　③ 左
④ 民　⑤ 少　⑥ 小

(65) 大 - (　　)
(66) 兄 - (　　)

※ 다음 문장에서 밑줄 친 단어의 漢字(한자)를 〈예〉에서 골라 그 번호를 쓰세요. (67~68)

〈예〉
① 子　② 金　③ 前　④ 右

(67) 시간은 <u>금</u>이다.
(68) 학교 <u>앞</u>에는 문방구가 있다.

※ 다음 漢字(한자)의 筆順(필순)을 밝히세요. (69~70)

(69) 九자에서 丿는 몇 번째에 쓰는지 번호로 답하세요.
(70) 水자의 쓰는 순서가 올바른 것을 고르세요.

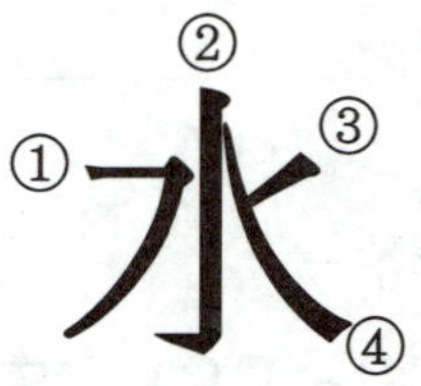

① 1-2-3-4　　② 1-3-4-2
③ 2-1-3-4　　④ 1-3-2-4

제3회 漢字能力檢定試驗 7級 問題紙

(시험시간 : 50분)

(사)한국어문회 · 한국한자능력검정회

※ 다음 漢字語(한자어)의 讀音(독음)을 쓰세요.(1~32)

> ⟨예⟩
>
> 漢字 → 한자

(1) 市長　　(2) 手足　　(3) 記事

(4) 數學　　(5) 邑內　　(6) 十日

(7) 活力　　(8) 住民　　(9) 工場

(10) 軍人　　(11) 兄弟　　(12) 動物

(13) 老人　　(14) 江山　　(15) 文物

(16) 敎生　　(17) 兄夫　　(18) 草木

(19) 食事　　(20) 下午　　(21) 自然

(22) 萬事　　(23) 前記　　(24) 七月

(25) 春色　　(26) 同數　　(27) 出生

(28) 入場　　(29) 世上　　(30) 敎室

(31) 八寸　　(32) 下山

※ 다음 漢字(한자)의 訓(훈:뜻)과 音(음:소리)을 쓰세요. (33~52)

> ⟨예⟩
>
> 字 → 글자 자

(33) 市　　(34) 記　　(35) 民

(36) 每　　(37) 休　　(38) 重

(39) 村　　(40) 植　　(41) 來

(42) 海　　(43) 直　　(44) 九

(45) 登　　(46) 立　　(47) 平

(48) 左　　(49) 少　　(50) 間

(51) 時　　(52) 夏

※ 다음 漢字語(한자어)의 뜻을 쓰세요. (53~54)

(53) 手中

(54) 祖母

※ 다음 訓(훈:뜻)과 音(음:소리)에 맞는 漢字(한자)를 〈예〉에서 골라 그 번호를 쓰세요. (55~64)

〈예〉
① 母 ② 水 ③ 室 ④ 土 ⑤ 自
⑥ 色 ⑦ 紙 ⑧ 秋 ⑨ 事 ⑩ 軍

(55) 흙 토　　　　(56) 군사 군
(57) 물 수　　　　(58) 가을 추
(59) 어미 모　　　(60) 종이 지
(61) 집 실　　　　(62) 스스로 자
(63) 빛 색　　　　(64) 일 사

※ 다음 漢字(한자)의 상대 또는 반대 되는 漢字(한자)를 〈예〉에서 골라 그 번호를 쓰세요. (65~66)

〈예〉
① 入　② 人　③ 小
④ 少　⑤ 大　⑥ 子

(65) 老 - (　　)
(66) 出 - (　　)

※ 다음 문장에서 밑줄 친 단어의 漢字(한자)를 〈예〉에서 골라 그 번호를 쓰세요. (67~68)

〈예〉
① 弟　② 白　③ 兄　④ 夫

(67) 일요일에 동생과 함께 놀이터에서 놀았다.
(68) 형과 함께 동화책을 읽었다.

※ 다음 漢字(한자)의 筆順(필순)을 밝히세요. (69~70)

(69) '父자'에서 ノ은 몇 번째에 쓰는지 번호로 답하세요.
(70) '寸'자의 쓰는 순서가 올바른 것을 고르세요.

① 1-2-3　　　② 1-3-4
③ 2-1-3　　　④ 1-3-2

제4회 漢字能力檢定試驗 7級 問題紙

(시험시간 : 50분)

(사)한국어문회 · 한국한자능력검정회

※ 문제지는 답안지와 함께 제출하세요.

※ 다음 漢字語(한자어)의 讀音(독음)을 쓰세요.(1~32)

<예>

漢字 → 한자

(1) 祖上　(2) 千年　(3) 春秋

(4) 冬天　(5) 自主　(6) 生命

(7) 兄弟　(8) 內面　(9) 人口

(10) 四方　(11) 軍歌　(12) 休學

(13) 午前　(14) 歌手　(15) 國民

(16) 出動　(17) 七千　(18) 孝子

(19) 空氣　(20) 名門　(21) 女軍

(22) 山水　(23) 大同　(24) 東海

(25) 下山　(26) 便所　(27) 出家

(28) 漢江　(29) 老少　(30) 土地

(31) 正直　(32) 北海

※ 다음 漢字(한자)의 訓(훈:뜻)과 音(음:소리)을 쓰세요. (33~52)

<예>

字 → 글자 자

(33) 百　(34) 安　(35) 面

(36) 寸　(37) 里　(38) 五

(39) 足　(40) 十　(41) 年

(42) 西　(43) 語　(44) 內

(45) 門　(46) 日　(47) 夕

(48) 紙　(49) 春　(50) 話

(51) 川　(52) 水

※ 다음 漢字語(한자어)의 뜻을 쓰세요. (53~54)

(53) 長女

(54) 白旗

※ 다음 訓(훈:뜻)과 音(음:소리)에 맞는 漢字(한자)를 〈예〉에서 골라 그 번호를 쓰세요. (55~64)

〈예〉
① 草 ② 口 ③ 時 ④ 年 ⑤ 冬
⑥ 花 ⑦ 少 ⑧ 來 ⑨ 力 ⑩ 心

(55) 겨울 동　　　(56) 힘 력
(57) 풀 초　　　(58) 마음 심
(59) 입 구　　　(60) 적을 소
(61) 때 시　　　(62) 해 년
(63) 꽃 화　　　(64) 올 래

※ 다음 漢字(한자)의 상대 또는 반대되는 漢字(한자)를 〈예〉에서 골라 그 번호를 쓰세요. (65~66)

〈예〉
① 女　② 孝　③ 西
④ 口　⑤ 後　⑥ 門

(65) 先 – (　　)
(66) 東 – (　　)

※ 다음 문장에서 밑줄 친 단어의 漢字(한자)를 〈예〉에서 골라 그 번호를 쓰세요. (67~68)

〈예〉
① 白　② 國家　③ 靑　④ 空軍

(67) 하늘이 파랗다.
(68) 우리 삼촌은 공군이다.

※ 다음 漢字(한자)의 筆順(필순)을 밝히세요. (69~70)

(69) ‘七’자에서 一는 몇 번째에 쓰는지 번호로 답하세요.
(70) ‘土’자의 쓰는 순서가 올바른 것을 고르세요.

土

① 1-2-3　　② 2-3-1
③ 2-1-3　　④ 1-3-2

제5회 漢字能力檢定試驗 7級 問題紙

(시험시간 : 50분)

※ 다음 漢字語(한자어)의 讀音(독음)을 쓰세요.(1~32)

〈예〉

漢字 → 한자

---

(1) 南山　　(2) 住民　　(3) 空軍

(4) 自然　　(5) 秋冬　　(6) 孝道

(7) 江南　　(8) 外出　　(9) 八寸

(10) 草家　　(11) 木花　　(12) 不足

(13) 父兄　　(14) 左右　　(15) 先祖

(16) 學校　　(17) 農村　　(18) 動力

(19) 來世　　(20) 小心　　(21) 姓名

(22) 靑色　　(23) 十年　　(24) 問答

(25) 老少　　(26) 大韓　　(27) 百姓

(28) 不正　　(29) 國家　　(30) 下車

(31) 國旗　　(32) 洞里

※ 다음 漢字(한자)의 訓(훈:뜻)과 音(음:소리)을 쓰세요. (33~52)

〈예〉

字 → 글자 자

---

(33) 夫　　(34) 事　　(35) 林

(36) 來　　(37) 平　　(38) 土

(39) 育　　(40) 金　　(41) 登

(42) 休　　(43) 洞　　(44) 不

(45) 全　　(46) 校　　(47) 歌

(48) 學　　(49) 北　　(50) 住

(51) 心　　(52) 每

※ 다음 漢字語(한자어)의 뜻을 쓰세요. (53~54)

(53) 春夏秋冬
(54) 三寸

※ 다음 訓(훈:뜻)과 音(음:소리)에 맞는 漢字(한자)를 〈예〉에서 골라 그 번호를 쓰세요. (55~64)

〈예〉
① 算　② 育　③ 地　④ 林　⑤ 春
⑥ 弟　⑦ 植　⑧ 空　⑨ 記　⑩ 四

(55) 수풀 림　　(56) 심을 식
(57) 셈 산　　(58) 넉 사
(59) 기를 육　　(60) 빌 공
(61) 봄 춘　　(62) 기록할 기
(63) 아우 제　　(64) 따(땅) 지

※ 다음 漢字(한자)의 상대 또는 반대되는 漢字(한자)를 〈예〉에서 골라 그 번호를 쓰세요. (65~66)

〈예〉
① 五　　② 下　　③ 後
④ 力　　⑤ 北　　⑥ 女

(65) 南 - (　　)
(66) 上 - (　　)

※ 다음 문장에서 밑줄 친 단어의 漢字(한자)를 〈예〉에서 골라 그 번호를 쓰세요. (67~68)

〈예〉
① 白　② 四　③ 植木　④ 靑木

(67) 하늘에서 흰 눈이 펄펄 내린다.
(68) 오늘은 식목일이다.

※ 다음 漢字(한자)의 筆順(필순)을 밝히세요. (69~70)

(69) '大'자에서 一은 몇 번째에 쓰는지 번호로 답하세요.
(70) '中'자의 쓰는 순서가 올바른 것을 고르세요.

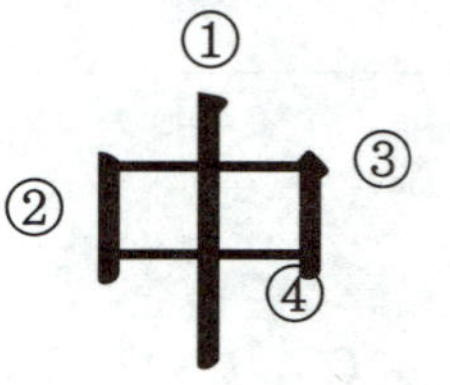

① 1-2-3-4　　② 1-3-4-2
③ 2-3-4-1　　④ 1-3-2-4

(사)한국어문회 · 한국한자능력검정회　　　　　　　　※ 문제지는 답안지와 함께 제출하세요.

※ 다음 漢字語(한자어)의 讀音(독음)을 쓰세요.(1~32)

〈예〉

漢字 → 한자

(1) 生命　　(2) 全面　　(3) 不孝

(4) 南東　　(5) 住所　　(6) 靑旗

(7) 男便　　(8) 敎育　　(9) 室內

(10) 同名　　(11) 主食　　(12) 天地

(13) 平安　　(14) 孝道　　(15) 登場

(16) 小心　　(17) 先山　　(18) 午後

(19) 時間　　(20) 大韓　　(21) 便安

(22) 王立　　(23) 長男　　(24) 左右

(25) 室內　　(26) 主上　　(27) 工事

(28) 村夫　　(29) 女王　　(30) 先祖

(31) 萬物　　(32) 軍事

※ 다음 漢字(한자)의 訓(훈:뜻)과 音(음:소리)을 쓰세요. (33~52)

〈예〉

字 → 글자 자

(33) 正　　(34) 九　　(35) 木

(36) 室　　(37) 百　　(38) 草

(39) 先　　(40) 立　　(41) 植

(42) 面　　(43) 千　　(44) 敎

(45) 老　　(46) 市　　(47) 下

(48) 午　　(49) 氣　　(50) 空

(51) 有　　(52) 日

※ 다음 漢字語(한자어)의 뜻을 쓰세요. (53~54)

(53) 歌手

(54) 姓名

※ 다음 訓(훈:뜻)과 音(음:소리)에 맞는 漢字(한자)를 〈예〉에서 골라 그 번호를 쓰세요. (55~64)

〈예〉

① 面 ② 邑 ③ 國 ④ 金 ⑤ 車
⑥ 天 ⑦ 事 ⑧ 足 ⑨ 弟 ⑩ 家

(55) 수레 거　　(56) 집 가

(57) 낯 면　　(58) 일 사

(59) 고을 읍　　(60) 아우 제

(61) 나라 국　　(62) 발 족

(63) 하늘 천　　(64) 쇠 금

※ 다음 漢字(한자)의 상대 또는 반대되는 漢字(한자)를 〈예〉에서 골라 그 번호를 쓰세요. (65~66)

〈예〉

① 山　② 字　③ 七
④ 生　⑤ 文　⑥ 天

(65) 地 - (　　)

(66) 江 - (　　)

※ 다음 문장에서 밑줄 친 단어의 漢字(한자)를 〈예〉에서 골라 그 번호를 쓰세요. (67~68)

〈예〉

① 夫 ② 祖 ③ 國民 ④ 學校

(67) 우리나라 국민은 매우 부지런하다.

(68) 우리 할아버지는 인자하시다.

※ 다음 漢字(한자)의 筆順(필순)을 밝히세요. (69~70)

(69) '四' 자에서 ノ는 몇 번째에 쓰는지 번호로 답하세요.

(70) '山' 자의 쓰는 순서가 올바른 것을 고르세요.

山

① 1-2-3　　② 1-3-2

③ 2-1-3

제7회 漢字能力檢定試驗 7級 問題紙

(시험시간 : 50분)

(사)한국어문회 · 한국한자능력검정회　　　　　※ 문제지는 답안지와 함께 제출하세요.

※ 다음 漢字語(한자어)의 讀音(독음)을 쓰세요.(1~32)

<예>
漢字 → 한자

(1) 九月　(2) 時間　(3) 男女

(4) 孝子　(5) 每日　(6) 活動

(7) 電動　(8) 火車　(9) 登場

(10) 自主　(11) 江村　(12) 校歌

(13) 萬里　(14) 東西　(15) 答紙

(16) 全面　(17) 春川　(18) 男子

(19) 天命　(20) 洞民　(21) 大韓

(22) 文物　(23) 電話　(24) 地面

(25) 孝心　(26) 靑旗　(27) 敎室

(28) 文學　(29) 三寸　(30) 工事

(31) 祖上　(32) 動力

※ 다음 漢字(한자)의 訓(훈:뜻)과 音(음:소리)을 쓰세요. (33~52)

<예>
字 → 글자 자

(33) 月　(34) 十　(35) 後

(36) 土　(37) 六　(38) 少

(39) 力　(40) 車　(41) 紙

(42) 自　(43) 間　(44) 地

(45) 寸　(46) 休　(47) 水

(48) 然　(49) 植　(50) 中

(51) 直　(52) 下

※ 다음 漢字語(한자어)의 뜻을 쓰세요. (53~54)

(53) 植木日

(54) 父母

※ 다음 訓(훈:뜻)과 音(음:소리)에 맞는 漢字(한자)를 〈예〉에서 골라 그 번호를 쓰세요. (55~64)

〈예〉

① 長　② 力　③ 色　④ 工　⑤ 室
⑥ 所　⑦ 山　⑧ 大　⑨ 春　⑩ 動

(55) 장인 공　　　(56) 움직일 동
(57) 긴 장　　　　(58) 큰 대
(59) 힘 력　　　　(60) 메 산
(61) 빛 색　　　　(62) 봄 춘
(63) 바 소　　　　(64) 집 실

※ 다음 漢字(한자)의 상대 또는 반대되는 漢字(한자)를 〈예〉에서 골라 그 번호를 쓰세요. (65~66)

〈예〉

① 女　② 火　③ 冬
④ 山　⑤ 天　⑥ 江

(65) 夏 － (　　)
(66) 男 － (　　)

※ 다음 문장에서 밑줄 친 단어의 漢字(한자)를 〈예〉에서 골라 그 번호를 쓰세요. (67~68)

〈예〉

① 外　② 內　③ 日夕　④ 秋夕

(67) <u>추석</u>에는 송편을 먹는다.
(68) 창 <u>밖</u>에는 낙엽이 떨어진다.

※ 다음 漢字(한자)의 筆順(필순)을 밝히세요. (69~70)

(69) '母' 자에서 一는 몇 번째에 쓰는지 번호로 답하세요.
(70) '大' 자의 쓰는 순서가 올바른 것을 고르세요.

大

① 1-2-3　　② 1-3-2
③ 2-1-3

제8회 漢字能力檢定試驗 7級 問題紙

(시험시간 : 50분)

(사)한국어문회 · 한국한자능력검정회　　　　　　　　※ 문제지는 답안지와 함께 제출하세요.

※ 다음 漢字語(한자어)의 讀音(독음)을 쓰세요.(1~32)

〈예〉

漢字 → 한자

(1) 父兄　　(2) 八寸　　(3) 生育

(4) 孝道　　(5) 一萬　　(6) 祖上

(7) 主食　　(8) 中立　　(9) 電車

(10) 軍事　(11) 動力　(12) 十日

(13) 每年　(14) 內面　(15) 電話

(16) 答紙　(17) 萬里　(18) 不正

(19) 男子　(20) 母國　(21) 入室

(22) 日月　(23) 中心　(24) 車主

(25) 南方　(26) 不便　(27) 七夕

(28) 靑色　(29) 外食　(30) 氣力

(31) 王立　(32) 校旗

※ 다음 漢字(한자)의 訓(훈:뜻)과 音(음:소리)을 쓰세요. (33~52)

〈예〉

字 → 글자 자

(33) 白　　(34) 有　　(35) 火

(36) 記　　(37) 右　　(38) 食

(39) 老　　(40) 正　　(41) 中

(42) 外　　(43) 不　　(44) 同

(45) 足　　(46) 下　　(47) 川

(48) 夏　　(49) 登　　(50) 安

(51) 市　　(52) 木

※ 다음 漢字語(한자어)의 뜻을 쓰세요. (53~54)

(53) 家長

(54) 左右

※ 다음 訓(훈:뜻)과 音(음:소리)에 맞는 漢字(한자)를 〈예〉에서 골라 그 번호를 쓰세요. (55~64)

〈예〉
① 育 ② 話 ③ 自 ④ 時 ⑤ 直
⑥ 小 ⑦ 心 ⑧ 九 ⑨ 花 ⑩ 空

(55) 작을 소　　(56) 때 시
(57) 빌 공　　(58) 기를 육
(59) 마음 심　　(60) 말씀 화
(61) 꽃 화　　(62) 스스로 자
(63) 아홉 구　　(64) 곧을 직

※ 다음 漢字(한자)의 상대 또는 반대 되는 漢字(한자)를 〈예〉에서 골라 그 번호를 쓰세요. (65~66)

〈예〉
① 自　② 水　③ 正
④ 足　⑤ 外　⑥ 中

(65) 內 – (　　)
(66) 火 – (　　)

※ 다음 문장에서 밑줄 친 단어의 漢字(한자)를 〈예〉에서 골라 그 번호를 쓰세요. (67~68)

〈예〉
① 手 ② 人　③ 山村　④ 農村

(67) 버스에는 사람들이 많다.
(68) 할머니는 농촌에 사신다.

※ 다음 漢字(한자)의 筆順(필순)을 밝히세요. (69~70)

(69) '十' 자에서 一는 몇 번째에 쓰는지 번호로 답하세요.
(70) '女' 자의 쓰는 순서가 올바른 것을 고르세요.

① 1-2-3　　② 1-3-2
③ 2-1-3

제9회 漢字能力檢定試驗 7級 問題紙

(시험시간 : 50분)

(사)한국어문회 · 한국한자능력검정회　　　　　　　※ 문제지는 답안지와 함께 제출하세요.

※ 다음 漢字語(한자어)의 讀音(독음)을 쓰세요.(1~32)

> 〈예〉
>
> 漢字 → 한자

(1) 每月　(2) 大同　(3) 電力

(4) 農地　(5) 老人　(6) 南山

(7) 午後　(8) 下山　(9) 世上

(10) 答紙　(11) 生命　(12) 校旗

(13) 休學　(14) 室內　(15) 學校

(16) 問答　(17) 同名　(18) 土地

(19) 外出　(20) 時間　(21) 百方

(22) 地名　(23) 有名　(24) 女王

(25) 平安　(26) 氣力　(27) 自然

(28) 老少　(29) 洞里　(30) 北海

(31) 住所　(32) 東海

※ 다음 漢字(한자)의 訓(훈:뜻)과 音(음:소리)을 쓰세요. (33~52)

> 〈예〉
>
> 字 → 글자 자

(33) 中　(34) 冬　(35) 土

(36) 全　(37) 語　(38) 手

(39) 紙　(40) 日　(41) 少

(42) 車　(43) 世　(44) 先

(45) 住　(46) 工　(47) 六

(48) 花　(49) 內　(50) 川

(51) 來　(52) 間

※ 다음 漢字語(한자어)의 뜻을 쓰세요. (53~54)

(53) 正直

(54) 名山

※ 다음 訓(훈:뜻)과 音(음:소리)에 맞는 漢字(한자)를 〈예〉에서 골라 그 번호를 쓰세요. (55~64)

〈예〉
① 村 ② 軍 ③ 夏 ④ 命 ⑤ 民
⑥ 後 ⑦ 足 ⑧ 平 ⑨ 秋 ⑩ 國

(55) 뒤 후　　　(56) 목숨 명
(57) 나라 국　　(58) 마을 촌
(59) 발 족　　　(60) 군사 군
(61) 평평할 평　(62) 여름 하
(63) 백성 민　　(64) 가을 추

※ 다음 漢字(한자)의 상대 또는 반대 되는 漢字(한자)를 〈예〉에서 골라 그 번호를 쓰세요. (65~66)

〈예〉
① 後　② 左　③ 水
④ 少　⑤ 白　⑥ 子

(65) 多 - (　　)
(66) 前 - (　　)

※ 다음 문장에서 밑줄 친 단어의 漢字(한자)를 〈예〉에서 골라 그 번호를 쓰세요. (67~68)

〈예〉
① 靑　② 白　③ 敎室　④ 室內

(67) 누나가 청바지를 입고 나갔다.
(68) 교실에서는 떠들지 말아라.

※ 다음 漢字(한자)의 筆順(필순)을 밝히세요. (69~70)

(69) '木'자에서 丨은 몇 번째에 쓰는지 번호로 답하세요.
(70) '方'자의 쓰는 순서가 올바른 것을 고르세요.

方

① 2-1-4-3　　② 1-2-3-4
③ 1-2-4-3　　④ 1-3-2-4

제10회 漢字能力檢定試驗 7級 問題紙

(시험시간 : 50분)

(사)한국어문회 · 한국한자능력검정회　　　　　　　　　　※ 문제지는 답안지와 함께 제출하세요.

※ 다음 漢字語(한자어)의 讀音(독음)을 쓰세요.(1~32)

<예>

漢字 → 한자

(1) 老人　　(2) 家門　　(3) 大道

(4) 王立　　(5) 東西　　(6) 動物

(7) 每日　　(8) 不正　　(9) 午後

(10) 左右　　(11) 外食　　(12) 不便

(13) 長子　　(14) 西海　　(15) 登場

(16) 入口　　(17) 空軍　　(18) 電動

(19) 生命　　(20) 九月　　(21) 兄弟

(22) 小心　　(23) 問答　　(24) 時間

(25) 前記　　(26) 中立　　(27) 國旗

(28) 四方　　(29) 主上　　(30) 老年

(31) 萬物　　(32) 山水

※ 다음 漢字(한자)의 訓(훈:뜻)과 音(음: 소리)을 쓰세요. (33~52)

<예>

字 → 글자 자

(33) 道　　(34) 自　　(35) 口

(36) 月　　(37) 校　　(38) 夫

(39) 直　　(40) 年　　(41) 里

(42) 植　　(43) 登　　(44) 面

(45) 市　　(46) 事　　(47) 林

(48) 山　　(49) 食　　(50) 下

(51) 村　　(52) 百

※ 다음 漢字語(한자어)의 뜻을 쓰세요. (53~54)

(53) 天地
(54) 手足

※ 다음 訓(훈:뜻)과 音(음:소리)에 맞는 漢字(한자)를 〈예〉에서 골라 그 번호를 쓰세요. (55~64)

〈예〉
① 年　② 邑　③ 靑　④ 安　⑤ 登
⑥ 世　⑦ 母　⑧ 弟　⑨ 事　⑩ 洞

(55) 오를 등　　(56) 편안 안
(57) 고을 동　　(58) 해 년
(59) 일 사　　(60) 고을 읍
(61) 인간 세　　(62) 푸를 청
(63) 어미 모　　(64) 아우 제

※ 다음 漢字(한자)의 상대 또는 반대되는 漢字(한자)를 〈예〉에서 골라 그 번호를 쓰세요. (65~66)

〈예〉
① 答　② 天　③ 女
④ 內　⑤ 水　⑥ 兄

(65) 男 – (　　)
(66) 弟 – (　　)

※ 다음 문장에서 밑줄 친 단어의 漢字(한자)를 〈예〉에서 골라 그 번호를 쓰세요. (67~68)

〈예〉
① 白　② 火　③ 學校　④ 學生

(67) 우리 이모는 대<u>학생</u>이다.
(68) 나무 사이로 해가 <u>불</u>처럼 빨갛다.

※ 다음 漢字(한자)의 筆順(필순)을 밝히세요. (69~70)

(69) ‘十’자에서 ㅣ은 몇 번째에 쓰는지 번호로 답하세요.
(70) ‘千’자의 쓰는 순서가 올바른 것을 고르세요.

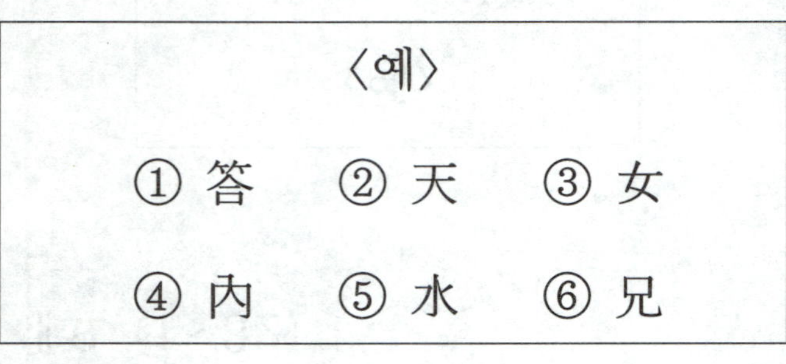

① 2-1-3　　② 1-2-3
③ 1-3-2

1 독음

24쪽

가문, 가사, 가수, 가장, 강남, 강산, 강촌, 공간, 공군, 공기, 공대, 공부, 공사, 공사장, 공장, 공중, 교가, 교기, 교내, 교문, 교장, 교생, 교실, 교육, 교육대학, 구월, 국가, 국가, 국기, 국력, 국립, 국민, 국화, 군가, 군기, 군사, 군인, 기력, 기사, 기색, 기입

26쪽

남녀, 남녀노소, 남동, 남문, 남방, 남북, 남산, 남자, 남편, 남학생, 내년, 내면, 내세, 내실, 내심, 내외, 내일, 노년, 노모, 노소, 노인, 농민, 농부, 농사, 농지, 농촌, 농토

29쪽

답지, 대도, 대동, 대부인, 대식가, 대왕, 대학, 대한, 도립, 도인, 동구, 동력, 동리, 동명, 동문, 동문서답, 동물, 동민, 동서, 동성, 동수, 동시, 동일, 동일, 동장, 동천, 동해, 등교, 등산, 등장

30쪽

만국기, 만리, 만물, 만사, 매년, 매사, 매시, 매월, 매일, 면전, 명명, 명문, 명물, 명소, 명언, 모자, 목화, 문답, 문물, 문학, 물주

31쪽

방면, 백기, 백년, 백방, 백성, 백지, 변소, 부모, 부왕, 부인, 부자연, 부정, 부족, 부형, 북해, 불문, 불안, 불편, 불평, 불효, 불효자

34쪽

사물, 사방, 산림, 산수, 산수, 산천, 산천초목, 산촌, 산출, 삼촌, 상공, 상기, 상하, 상하좌우, 색색, 색지, 생명, 생모, 생육, 생일, 생화, 생활, 서해, 석식, 선산, 선생, 선조, 성명, 세도, 세상, 세상만사, 소녀, 소변, 소인, 소유, 소중, 수공, 수기, 수도, 수동, 수족, 수중, 수천, 수학, 수화, 시간, 시공, 시립, 시민, 시사, 시장, 식구, 식목, 식목일, 식사, 식생활, 식수, 실내, 심중, 심지, 십년, 십일

38쪽

안심, 안전, 어학, 여군, 여왕, 역부족, 연로, 연수, 오일, 오전, 오후, 왕가, 왕국, 왕립, 왕실, 왕자, 외국, 외국어, 외래, 외래어, 외식, 외출, 유명, 유사시, 유월, 육림, 육일, 육촌, 육촌, 읍내, 읍민, 읍장, 이장, 인간, 인구, 인기, 인도, 인명, 인명, 인사, 인생, 일기, 일기, 일석, 일심, 일월, 일월, 임목, 입구, 입국, 입국, 입동, 입실, 입장, 입주, 입추, 입춘, 입하, 입학

42쪽

자국민, 자녀, 자동, 자동차, 자립, 자문, 자문자답, 자연, 자제, 자족, 자주, 장강, 장남, 장대, 장면, 장자, 전공, 전국, 전국민, 전기, 전동, 전력, 전력, 전면, 전방, 전차, 전화, 전화, 전후, 전후좌우, 정도, 정문, 정오, 정자, 정직, 제자, 조국, 조부모, 조상, 좌우, 좌편, 좌향좌, 주민, 주상, 주소, 주식, 주어, 주인, 중대, 중력, 중립, 중심, 중추, 지면, 지면, 지명, 지방, 지방색, 지중해, 지하수, 직립, 직면, 직후

46쪽

차도, 차주, 천군, 천금, 천기, 천년만년, 천만, 천명, 천연, 천지, 천하, 청기, 청년, 청산, 청색, 청춘, 초가, 초목, 촌부, 추석, 춘삼월, 춘색, 춘천, 춘추, 춘하추동, 출가, 출구, 출동, 출생, 출생지, 출세, 출입, 출입문, 칠석, 칠십, 칠월

47쪽

토지

49쪽

팔촌, 편안, 편지, 평면, 평생, 평안

49쪽

하교, 하산, 하오, 하차, 하천, 하해, 학교, 학년, 학문, 학부모, 한강, 한문, 한자, 한자어, 해군, 해리, 해수, 해외, 해초, 형부, 형제, 화차, 화초, 활기, 활동, 활력, 활자, 활화산, 효도, 효심, 효자, 후문, 후세, 후식, 휴교, 휴일, 휴지, 휴학, 휴화산

54쪽 Ⅰ.

(1) 가문 (2) 가사 (3) 가수 (4) 가장 (5) 강남 (6) 강산 (7) 강촌 (8) 공간 (9) 공군 (10) 공기 (11) 공대

(12) 공부 (13) 공사 (14) 공사장 (15) 공장 (16) 공중
(17) 교가 (18) 교기 (19) 교내 (20) 교문 (21) 교생
(22) 교실 (23) 교육 　(24) 교육대학 (25) 구월
(26) 국가 (27) 국가 (28) 국기 (29) 국력 (30) 국립
(31) 국민 (32) 국화 (33) 군가 (34) 군기 (35) 군사
(36) 군인 (37) 기력 (38) 기사 (39) 기색 (40) 기입

54쪽 Ⅱ.
(1) 남녀　(2) 남녀노소 (3) 남동 (4) 남문 (5) 남방
(6) 남북 (7) 남산 (8) 남자 (9) 남편 (10) 남학생
(11) 내년 (12) 내면 (13) 내세 (14) 내실 (15) 내심
(16) 내외　(17) 내일 (18) 노년 (19) 노모 (20) 노소
(21) 노인 (22) 농민 (23) 농부 (24) 농사 (25) 농지
(26) 농촌 (27) 농토

55쪽 Ⅲ.
(1) 답지　(2) 대도　(3) 대동 (4) 대부인 (5) 대식가
(6) 대왕 (7) 대학 (8) 대한 (9) 도립 (10) 도인 (11) 동구
(12) 동력 (13) 동리 (14) 동명 (15) 동문 (16) 동문서답
(17) 동물 (18) 동민 (19) 동서 (20) 동성 (21) 동수
(22) 동시 (23) 동일 (24) 동일 (25) 동장 (26) 동천
(27) 동해 (28) 등교 (29) 등산 (30) 등장

55쪽 Ⅳ.
(1) 만국기　(2) 만리 (3) 만물 (4) 만사 (5) 매년 (6) 매사
(7) 매시 (8) 매월 (9) 매일 (10) 면전 (11) 명명 (12) 명문
(13) 명물 (14) 명소 (15) 명언 (16) 모자 (17) 목화
(18) 문답 (19) 문물 (20) 문학 (21) 물주

58쪽 Ⅴ.
(1) 방면　(2) 백기 (3) 백년 (4) 백방 (5) 백성 (6) 백지
(7) 변소 (8) 부모 (9) 부왕 (10) 부인 (11) 부자연
(12) 부정 (13) 부족 (14) 부형 (15) 북해 (16) 불문
(17) 불안 (18) 불편 (19) 불평 (20) 불효 (21) 불효자

58쪽 Ⅵ-1.
(1) 사물 (2) 사방 (3) 산림 (4) 산수 (5) 산수 (6) 산천
(7) 산천초목 (8) 산촌 (9) 산출 (10) 삼촌 (11) 상공
(12) 상기 (13) 상하 (14) 상하좌우 (15) 색색 (16) 색지
(17) 생명 (18) 생육 (19) 생화 (20) 생활 (21) 서해
(22) 석식 (23) 선산 (24) 선생 (25) 선조 (26) 성명
(27) 세도 (28) 세상 (29) 세상만사 (30) 소녀

59쪽 Ⅵ-2.
(1) 소심　(2) 소유 (3) 소중 (4) 수공 (5) 수기 (6) 수도
(7) 수동 (8) 수족 (9) 수중 (10) 수천 (11) 수학 (12) 수화
(13) 시간 (14) 시공 (15) 시립 (16) 시민 (17) 시사
(18) 시장 (19) 식구 (20) 식목 (21) 식목일 (22) 식사
(23) 식생활 (24) 식수 (25) 실내 (26) 심중 (27) 심지
(28) 십년 (29) 십일

59쪽 Ⅶ-1.
(1) 안심　(2) 안전　(3) 어학 (4) 여군 (5) 여왕
(6) 역부족 (7) 연로 (8) 연수 (9) 오일 (10) 오일
(11) 오전 (12) 오후 (13) 왕가 (14) 왕립 (15) 왕자
(16) 외국어 (17) 외래 (18) 외래어 (19) 외식 (20) 외출
(21) 유명 (22) 유사시 (23) 육림 (24) 육촌 (25) 육촌
(26) 읍내 (27) 읍민 (28) 읍장 (29) 이장 (30) 인간

60쪽 Ⅶ-2.
(1) 인구 (2) 인기 (3) 인도 (4) 인명 (5) 인명 (6) 인사
(7) 인편 (8) 일기 (9) 일기 (10) 일만 (11) 일석 (12) 일심
(13) 일월 (14) 일월 (15) 임목 (16) 입구 (17) 입국
(18) 입국 (19) 입동 (20) 입실 (21) 입장 (22) 입주
(23) 입추 (24) 입춘 (25) 입하 (26) 입학

62쪽 Ⅷ-1.
(1) 자국민 (2) 자녀 (3) 자동 (4) 자동차 (5) 자립 (6) 자문
(7) 자문자답 (8) 자연 (9) 자제 (10) 자족 (11) 자주
(12) 장강 (13) 장남 (14) 장면 (15) 장자 (16) 전공
(17) 전국 (18) 전국민 (19) 전기 (20) 전동 (21) 전력
(22) 전력 (23) 전면 (24) 전방 (25) 전차 (26) 전화
(27) 전화 (28) 전후 (29) 전후좌우 (30) 정도

62쪽 Ⅷ-2.
(1) 정문 (2) 정오 (3) 정자 (4) 정직 (5) 제자 (6) 조국
(7) 조부모 (8) 조상 (9) 좌우 (10) 좌편 (11) 좌향좌
(12) 주민 (13) 주상 (14) 주소 (15) 주식 (16) 주어
(17) 주인 (18) 중대 (19) 중력 (20) 중력 (21) 중립
(22) 중심 (23) 중추 (24) 지면 (25) 지면 (26) 지명
(27) 지방 (28) 지방색 (29) 지중해 (30) 지하수
(31) 직립 (32) 직면 (33) 직후

63쪽 Ⅸ.
(1) 차도 (2) 차주 (3) 천군 (4) 천금 (5) 천기 (6) 천년
(7) 천년만년 (8) 천만 (9) 천명 (10) 천연 (11) 천지
(12) 천하 (13) 청기 (14) 청색 (15) 청춘 (16) 초가

(17) 초목 (18) 촌부 (19) 추석 (20) 춘삼월 (21) 춘색
(22) 춘천 (23) 춘추 (24) 춘하추동 (25) 출가 (26) 출구
(27) 출동 (28) 출생 (29) 출생지 (30) 출세 (31) 출입
(32) 출입문 (33) 칠석 (34) 칠월 (35) 칠천

63쪽 X.
(1) 토지 (2) 팔촌 (3) 편안 (4) 편지 (5) 평면
(6) 평생 (7) 평안

64쪽 XI.
(1) 하교 (2) 하산 (3) 하오 (4) 하차 (5) 하천 (6) 하해
(7) 하해 (8) 학교 (9) 학문 (10) 한강 (11) 한문
(12) 한자 (13) 한자어 (14) 해군 (15) 해리 (16) 해수
(17) 해외 (18) 해초 (19) 형부 (20) 형제 (21) 화차
(22) 화초 (23) 활기 (24) 활동 (25) 활력 (26) 활자
(27) 활화산 (28) 효도 (29) 효심 (30) 효자 (31) 후문
(32) 후세 (33) 후식 (34) 휴일 (35) 휴지 (36) 휴학
(37) 휴화산

2 훈음

67쪽 I.
(1) 사람 인 (2) 풀 초 (3) 살 활 (4) 쉴 휴 (5) 흰 백
(6) 겨울 동 (7) 입 구 (8) 서녘 서 (9) 마디 촌 (10) 셈 산
(11) 바다 해 (12) 집 실 (13) 일백 백 (14) 늙을 로
(15) 사이 간 (16) 내 천 (17) 오를 등 (18) 밥/먹을 식
(19) 마을 촌 (20) 흙 토 (21) 가르칠 교 (22) 여름 하
(23) 심을 식 (24) 때 시 (25) 불 화 (26) 낮 오 (27) 올 래
(28) 동녘 동 (29) 저녁 석 (30) 평평할 평

67쪽 II.
(1) 흙 토 (2) 아들 자 (3) 아우 제 (4) 무거울 중
(5) 종이 지 (6) 있을 유 (7) 기록할 기 (8) 동녘 동
(9) 달 월 (10) 아래 하 (11) 가르칠 교 (12) 나무 목
(13) 내 천 (14) 심을 식 (15) 먼저 선 (16) 수풀 림
(17) 낯 면 (18) 불 화 (19) 곧을 직 (20) 바 소 (21) 아우 제
(22) 무거울 중 (23) 저자 시 (24) 달 월 (25) 적을 소
(26) 종이 지 (27) 있을 유 (28) 살 주 (29) 기를 육
(30) 가운데 중

68쪽 III.
(1) 다섯 오 (2) 바를 정 (3) 종이 지 (4) 밥/먹을 식
(5) 낯 면 (6) 아홉 구 (7) 안 내 (8) 겨울 동 (9) 꽃 화
(10) 있을 유 (11) 흰 백 (12) 지아비 부 (13) 기록할 기

(14) 수풀 림 (15) 살 주 (16) 발 족 (17) 풀 초 (18) 여름 하
(19) 흙 토 (20) 노래 가 (21) 날 생 (22) 먼저 선
(23) 종이 지 (24) 흙 토 (25) 풀 초 (26) 넉 사 (27) 골
동 / 밝을 통 (28) 불 화 (29) 적을 소 (30) 그럴 연

68쪽 IV.
(1) 내 천 (2) 여름 하 (3) 지아비 부 (4) 적을 소
(5) 불 화 (6) 쉴 휴 (7) 기를 육 (8) 심을 식 (9) 쇠 금/성 김
(10) 입 구 (11) 무거울 중 (12) 말씀 어 (13) 물 수
(14) 올 래 (15) 빌 공 (16) 안 내 (17) 저녁 석 (18) 날 일
(19) 낮 오 (20) 겨울 동 (21) 꽃 화 (22) 물 수 (23) 날 출
(24) 할아비 조 (25) 한가지 동 (26) 수풀 림 (27) 밥/
먹을 식 (28) 종이 지 (29) 손 수 (30) 지아비 부

69쪽 V.
(1) 내 천 (2) 주인 주 (3) 평평할 평 (4) 여름 하
(5) 있을 유 (6) 지아비 부 (7) 설 립 (8) 열 십 (9) 골 동/
밝을 통 (10) 매양 매 (11) 앞 전 (12) 작을 소 (13) 먼저 선
(14) 이름 명 (15) 심을 식 (16) 기를 육 (17) 살 주
(18) 아우 제 (19) 불 화 (20) 그럴 연 (21) 노래 가
(22) 해 년 (23) 수풀 림 (24) 힘 력 (25) 마을 촌
(26) 가운데 중 (27) 편할 편/ 똥오줌 변 (28) 나무 목
(29) 오를 등 (30) 밥/먹을 식

69쪽 VI.
(1) 바다 해 (2) 쇠 금/성 김 (3) 내 천 (4) 밥/먹을 식
(5) 매양 매 (6) 쉴 휴 (7) 왼 좌 (8) 설 립 (9) 있을 유
(10) 저자 시 (11) 목숨 명 (12) 무거울 중 (13) 인간 세
(14) 여섯 륙 (15) 흰 백 (16) 먼저 선 (17) 심을 식
(18) 때 시 (19) 그럴 연 (20) 오를 등 (21) 수풀 림
(22) 바를 정 (23) 아홉 구 (24) 손 수 (25) 마디 촌
(26) 봄 춘 (27) 올 래 (28) 빛 색 (29) 수레 거/ 차
(30) 여름 하

70쪽 VII.
(1) 발 족 (2) 하늘 천 (3) 한가지 동 (4) 움직일 동
(5) 지아비 부 (6) 가운데 중 (7) 종이 지 (8) 있을 유
(9) 마을 촌 (10) 해 년 (11) 사이 간 (12) 장인 공
(13) 입 구 (14) 기운 기 (15) 길 도 (16) 아홉 구
(17) 기록할 기 (18) 수풀 림 (19) 가르칠 교 (20) 바다 해
(21) 달 월 (22) 문 문 (23) 일 사 (24) 열 십 (25) 쇠 금/
성 김 (26) 낯 면 (27) 설 립 (28) 마음 심 (29) 불 화
(30) 겨울 동

72쪽 Ⅷ.
(1) 나라 국 (2) 학교 교 (3) 움직일 동 (4) 설 립
(5) 매양 매 (6) 먼저 선 (7) 심을 식 (8) 종이 지 (9) 뒤 후
(10) 편할 편/ 똥오줌 변 (11) 사이 간 (12) 장인 공
(13) 입 구 (14) 기운 기 (15) 길 도 (16) 아홉 구
(17) 기록할 기 (18) 수풀 림 (19) 가르칠 교 (20) 해 년
(21) 낮 오 (22) 북녘 북 (23) 고을 읍 (24) 셈 산
(25) 집 실 (26) 셈 수 (27) 할아비 조 (28) 일만 만
(29) 한수/한나라 한 (30) 아우 제

72쪽 Ⅸ.
(1) 노래 가 (2) 학교 교 (3) 기 기 (4) 오를 등
(5) 살 활 (6) 한국/나라 한 (7) 평평할 평 (8) 발 족
(9) 글자 자 (10) 위 상 (11) 올 래 (12) 번개 전
(13) 무거울 중 (14) 물을 문 (15) 왼 좌 (16) 일천 천
(17) 빛 색 (18) 여름 하 (19) 길 도 (20) 물건 물
(21) 달 월 (22) 어미 모 (23) 바다 해 (24) 푸를 청
(25) 장인 공 (26) 기운 기 (27) 대답 답 (28) 저자 시
(29) 흰 백 (30) 쉴 휴

73쪽 Ⅹ.
(1) 말씀 화 (2) 평평할 평 (3) 흙 토 (4) 날 출 (5) 가을 추
(6) 종이 지 (7) 편안 안 (8) 그럴 연 (9) 심을 식 (10) 성 성
(11) 온전 전 (12) 기를 육 (13) 열 십 (14) 서녘 서
(15) 글월 문 (16) 마을 리 (17) 목숨 명 (18) 기록할 기
(19) 안 내 (20) 농사 농 (21) 군사 군 (22) 해 년
(23) 빌 공 (24) 수풀 림 (25) 일백 백 (26) 때 시
(27) 인간 세 (28) 날 출 (29) 마당 장 (30) 곧을 직

74쪽~75쪽
Ⅰ. (1) ② (2) ④ Ⅱ. (1) ② (2) ① Ⅲ. (1) ④ (2) ③
Ⅳ. (1) ② (2) ④ Ⅴ. (1) ③ (2) ④ Ⅵ. (1) ① (2) ④

77쪽~80쪽
Ⅰ. (1) ⑦ (2) ① (3) ⑥ (4) ③ (5) ⑧ (6) ④ (7) ⑩
　 (8) ⑤ (9) ⑨ (10) ② 　 Ⅱ. (1) ② (2) ⑩ (3) ⑤
　 (4) ⑨ (5) ③ (6) ⑥ (7) ④ (8) ⑦ (9) ① (10) ⑧
Ⅲ. (1) ⑧ (2) ⑩ (3) ② (4) ⑤ (5) ① (6) ⑦ (7) ⑥
　 (8) ④ (9) ③ (10) ⑨ Ⅳ. (1) ① (2) ⑩ (3) ⑤
　 (4) ⑥ (5) ② (6) ③ (7) ⑧ (8) ④ (9) ⑦ (10) ⑨
Ⅴ. (1) ② (2) ⑧ (3) ① (4) ④ (5) ③ (6) ⑥ (7) ⑦
　 (8) ⑤ (9) ⑩ (10) ⑨ Ⅵ. (1) ⑨ (2) ④ (3) ②
　 (4) ⑥ (5) ① (6) ⑤ (7) ③ (8) ⑦ (9) ⑧ (10) ⑩
Ⅶ. (1) ⑤ (2) ⑨ (3) ⑩ (4) ② (5) ⑦ (6) ⑧ (7) ①

(8) ④ (9) ⑥ (10) ③ 　 Ⅷ. (1) ⑤ (2) ⑧ (3) ①
　 (4) ⑩ (5) ⑦ (6) ③ (7) ② (8) ⑥ (9) ⑨ (10) ④
Ⅸ. (1) ④ (2) ⑦ (3) ① (4) ⑩ (5) ② (6) ⑨ (7) ③
　 (8) ⑤ (9) ⑧ (10) ⑥

82쪽
Ⅰ. (1) ③ (2) ① Ⅱ. (1) ③ (2) ④ Ⅲ. (1) ② (2) ①
Ⅳ. (1) ① (2) ③ Ⅴ. (1) ③ (2) ① Ⅵ. (1) ② (2) ③
Ⅶ. (1) ④ (2) ① Ⅷ. (1) ③ (2) ①

3 반의어
89쪽
Ⅰ. (1) ⑤ (2) ② Ⅱ. (1) ③ (2) ⑤ Ⅲ. (1) ② (2) ⑤
Ⅳ. (1) ⑤ (2) ⑥ Ⅴ. (1) ④ (2) ⑥ Ⅵ. (1) ② (2) ⑥
Ⅶ. (1) ④ (2) ② Ⅷ. (1) ③ (2) ⑥ Ⅸ. (1) ③ (2) ⑥
Ⅹ. (1) ② (2) ③ Ⅺ. (1) ① (2) ② Ⅻ. (1) ① (2) ④

4 완성형
94쪽
Ⅰ. (1) ② (2) ① Ⅱ. (1) ① (2) ④ 　 Ⅲ. (1) ④ (2) ③
Ⅳ. (1) ② (2) ③ Ⅴ. (1) ③ (2) ① Ⅵ. (1) ② (2) ④
Ⅶ. (1) ① (2) ③

96쪽
Ⅰ. 부 　 Ⅱ. 거

5 뜻풀이
97쪽
Ⅰ. (1) 산에 오르다 (2) 집안의 큰 아들
Ⅱ. (1) 나무 심는 날 (2) 할머니
Ⅲ. (1) 파란 깃발 (2) 우리나라의 언어
Ⅳ. (1) 물 속 (2) 집안의 웃어른. 한 가정을 이끌어 나가는 사람
Ⅴ. (1) 할아버지 (2) 마음이 바르고 곧음
Ⅵ. (1) 산에 오르다 (2) 밖으로 나가다
Ⅶ. (1) 하루에 일어난 일이나 감상을 적은 글 (2) 아버지와 어머니
Ⅷ. (1) 이름난 산 (2) 왼쪽과 오른쪽
Ⅸ. (1) 성과 이름 (2) 노래를 부르는 사람
Ⅹ. (1) 봄, 여름, 가을, 겨울 (2) 사람
Ⅺ. (1) 산에 오르다 (2) 아버지의 형제
Ⅻ. (1) 앞과 뒤 (2) 성과 이름

6 필순

필순 정답은 104쪽에 있습니다.

■ 제1회 한자능력검정시험 정답

(1) 부모 (2) 자연 (3) 천지 (4) 내실 (5) 정직 (6) 인구
(7) 불평 (8) 장강 (9) 국가 (10) 효심 (11) 휴학 (12) 남녀
(13) 시민 (14) 학교 (15) 세상 (16) 식구 (17) 교실
(18) 청색 (19) 입장 (20) 입학 (21) 전화 (22) 전방
(23) 수화 (24) 매시 (25) 만리 (26) 오전 (27) 주소
(28) 만사 (29) 부왕 (30) 남문 (31) 활력 (32) 시간
(33) 아우 제 (34) 물 수 (35) 아래 하 (36) 앞 전
(37) 학교 교 (38) 수풀 림 (39) 입 구 (40) 지아비 부
(41) 형 형 (42) 넉 사 (43) 평평할 평 (44) 올 래 (45) 마음 심
(46) 발 족 (47) 밥 식/먹을 식 (48) 강 강 (49) 쉴 휴
(50) 불 화 (51) 앞 전 (52) 일천 천 (53) 산에 오르다
(54) 묻고 답하다 (55) ③ (56) ① (57) ⑥ (58) ⑨
(59) ⑧ (60) ④ (61) ⑤ (62) ⑩ (63) ② (64) ⑦ (65) ⑥
(66) ④ (67) ④ (68) ② (69) 1 (70) ④

■ 제2회 한자능력검정시험 정답

(1) 사방 (2) 주인 (3) 차도 (4) 춘추 (5) 지방 (6) 일기
(7) 효자 (8) 자연 (9) 생명 (10) 도인 (11) 교가 (12) 천만
(13) 불편 (14) 교문 (15) 남북 (16) 활력 (17) 문학
(18) 선생 (19) 정도 (20) 노모 (21) 평생 (22) 동서
(23) 화초 (24) 대학 (25) 농토 (26) 시장 (27) 시간
(28) 전기 (29) 주민 (30) 왕자 (31) 일심 (32) 평안
(33) 달 월 (34) 심을 식 (35) 바깥 외 (36) 아들 자
(37) 흰 백 (38) 인간 세 (39) 장인 공 (40) 있을 유
(41) 기 기 (42) 문 문 (43) 가르칠 교 (44) 겨울 동
(45) 그럴 연 (46) 불 화 (47) 동녘 동 (48) 기를 육
(49) 풀 초 (50) 여섯 륙 (51) 종이 지 (52) 날 출
(53) 할아버지 (54) 달마다 (55) ④ (56) ⑩ (57) ①
(58) ⑦ (59) ② (60) ⑨ (61) ③ (62) ⑤ (63) ⑧ (64) ⑥
(65) ⑥ (66) ② (67) ② (68) ③ (69) 1 (70) ③

■ 제3회 한자능력검정시험 정답

(1) 시장 (2) 수족 (3) 기사 (4) 수학 (5) 읍내 (6) 십일
(7) 활력 (8) 주민 (9) 공장 (10) 군인 (11) 형제 (12) 동물
(13) 노인 (14) 강산 (15) 문물 (16) 교생 (17) 형부
(18) 초목 (19) 식사 (20) 하오 (21) 자연 (22) 만사
(23) 전기 (24) 칠월 (25) 춘색 (26) 동수 (27) 출생
(28) 입장 (29) 세상 (30) 교실 (31) 팔촌 (32) 하산

(33) 저자 시 (34) 기록할 기 (35) 백성 민 (36) 매양 매
(37) 쉴 휴 (38) 무거울 중 (39) 마을 촌 (40) 심을 식
(41) 올 래 (42) 바다 해 (43) 곧을 직 (44) 아홉 구
(45) 오를 등 (46) 설 립 (47) 평평할 평 (48) 왼 좌
(49) 적을 소 (50) 사이 간 (51) 때 시 (52) 여름 하
(53) 손 안에 (54) 할머니 (55) ④ (56) ⑩ (57) ②
(58) ⑧ (59) ① (60) ⑦ (61) ③ (62) ⑤ (63) ⑥ (64) ⑨
(65) ④ (66) ① (67) ① (68) ③ (69) 3 (70) ③

■ 제4회 한자능력검정시험 정답

(1) 조상 (2) 천년 (3) 춘추 (4) 동천 (5) 자주 (6) 생명
(7) 형제 (8) 내면 (9) 인구 (10) 사방 (11) 군가 (12) 휴학
(13) 오전 (14) 가수 (15) 국민 (16) 출동 (17) 칠천
(18) 효자 (19) 공기 (20) 명문 (21) 여군 (22) 산수
(23) 대동 (24) 동해 (25) 하산 (26) 변소 (27) 출가
(28) 한강 (29) 노소 (30) 토지 (31) 정직 (32) 북해
(33) 일백 백 (34) 편안 안 (35) 낯 면 (36) 마디 촌
(37) 마을 리 (38) 다섯 오 (39) 발 족 (40) 열 십 (41) 해 년
(42) 서녘 서 (43) 말씀 어 (44) 안 내 (45) 문 문 (46) 날 일
(47) 저녁 석 (48) 종이 지 (49) 봄 춘 (50) 말씀 화
(51) 내 천 (52) 물 수 (53) 큰 딸 (54) 흰색 깃발 (55) ⑤
(56) ⑨ (57) ① (58) ⑩ (59) ② (60) ⑦ (61) ③ (62) ④
(63) ⑥ (64) ⑧ (65) ⑤ (66) ③ (67) ③ (68) ④
(69) 1 (70) ③

■ 제5회 한자능력검정시험 정답

(1) 남산 (2) 주민 (3) 공군 (4) 자연 (5) 추동 (6) 효도
(7) 강남 (8) 외출 (9) 팔촌 (10) 초가 (11) 목화 (12) 부족
(13) 부형 (14) 좌우 (15) 선조 (16) 학교 (17) 농촌 (18) 동력
(19) 내세 (20) 소심 (21) 성명 (22) 청색 (23) 십년
(24) 문답 (25) 노소 (26) 대한 (27) 백성 (28) 부정
(29) 국가 (30) 하차 (31) 국기 (32) 동리 (33) 지아비 부
(34) 일 사 (35) 수풀 림 (36) 올 래 (37) 평평할 평 (38) 흙 토
(39) 기를 육 (40) 쇠 금 (41) 오를 등 (42) 쉴 휴 (43) 골 동/
밝을 동 (44) 아니 부/아니 불 (45) 온전 전 (46) 학교 교
(47) 노래 가 (48) 배울 학 (49) 북녘 북 (50) 살 주 (51) 마음 심
(52) 매양 매 (53) 봄, 여름, 가을, 겨울 (54) 아버지의 형제
(55) ④ (56) ⑦ (57) ① (58) ⑩ (59) ② (60) ⑧ (61) ⑤
(62) ⑨ (63) ⑥ (64) ③ (65) ⑤ (66) ② (67) ① (68) ③
(69) 1 (70) ③

■ 제6회 한자능력검정시험 정답

(1) 생명 (2) 전면 (3) 불효 (4) 남동 (5) 주소 (6) 청기
(7) 남편 (8) 교육 (9) 실내 (10) 동명 (11) 주식 (12) 천지
(13) 평안 (14) 효도 (15) 등장 (16) 소심 (17) 선산
(18) 오후 (19) 시간 (20) 대한 (21) 편안 (22) 왕립
(23) 장남 (24) 좌우 (25) 실내 (26) 주상 (27) 공사
(28) 촌부 (29) 여왕 (30) 선조 (31) 만물 (32) 군사
(33) 바를 정 (34) 아홉 구 (35) 나무 목 (36) 집 실
(37) 일백 백 (38) 풀 초 (39) 먼저 선 (40) 설 립
(41) 심을 식 (42) 낮 면 (43) 일천 천 (44) 가르칠 교
(45) 늙을 로 (46) 저자 시 (47) 아래 하 (48) 낮 오
(49) 기운 기 (50) 빌 공 (51) 있을 유 (52) 날 일
(53) 노래 부르는 것을 직업으로 하는 사람 (54) 성과 이름
(55) ⑤ (56) ⑩ (57) ① (58) ⑦ (59) ② (60) ⑨ (61) ③
(62) ⑧ (63) ⑥ (64) ④ (65) ⑥ (66) ① (67) ③ (68) ②
(69) 3 (70) ③

■ 제7회 한자능력검정시험 정답

(1) 구월 (2) 시간 (3) 남녀 (4) 효자 (5) 매일 (6) 활동
(7) 전동 (8) 화차 (9) 등장 (10) 자주 (11) 강촌 (12) 교가
(13) 만리 (14) 동서 (15) 답지 (16) 전면 (17) 춘천
(18) 남자 (19) 천명 (20) 동민 (21) 대한 (22) 문물
(23) 전화 (24) 지면 (25) 효심 (26) 청기 (27) 교실
(28) 문학 (29) 삼촌 (30) 공사 (31) 조상 (32) 동력
(33) 달 월 (34) 열 십 (35) 뒤 후 (36) 흙 토 (37) 여섯 륙
(38) 적을 소 (39) 힘 력 (40) 수레 거/수레 차 (41) 종이 지
(42) 스스로 자 (43) 사이 간 (44) 따/땅 지 (45) 마디 촌
(46) 쉴 휴 (47) 물 수 (48) 그럴 연 (49) 심을 식
(50) 가운데 중 (51) 곧을 직 (52) 아래 하 (53) 나무를
심는 날 (54) 아버지와 어머니 (55) ④ (56) ⑩ (57) ①
(58) ⑧ (59) ② (60) ⑦ (61) ③ (62) ⑨ (63) ⑥ (64) ⑤
(65) ③ (66) ① (67) ④ (68) ① (69) 5 (70) ③

■ 제8회 한자능력검정시험 정답

(1) 부형 (2) 팔촌 (3) 생육 (4) 효도 (5) 일만 (6) 조상
(7) 주식 (8) 중립 (9) 전차 (10) 군사 (11) 동력 (12) 십일
(13) 매년 (14) 내면 (15) 전화 (16) 답지 (17) 만리 (18) 부정
(19) 남자 (20) 모국 (21) 입실 (22) 일월 (23) 중심
(24) 차주 (25) 남방 (26) 불편 (27) 칠석 (28) 청색
(29) 외식 (30) 기력 (31) 왕립 (32) 교기 (33) 흰 백

(34) 있을 유 (35) 불 화 (36) 기록할 기 (37) 오른 우
(38) 먹을 식/밥 식 (39) 늙을 로 (40) 바를 정 (41) 가운데 중
(42) 바깥 외 (43) 아니 부/아니 불 (44) 한가지 동 (45) 발 족
(46) 아래 하 (47) 내 천 (48) 여름 하 (49) 오를 등 (50) 편안 안
(51) 저자 시 (52) 나무 목 (53) 집안의 웃어른 (54) 왼쪽
과 오른쪽 (55) ⑥ (56) ④ (57) ⑩ (58) ① (59) ⑦ (60)
② (61) ⑨ (62) ③ (63) ⑧ (64) ⑤ (65) ⑤ (66) ② (67)
② (68) ④ (69) 1 (70) ②

■ 제9회 한자능력검정시험 정답

(1) 매월 (2) 대동 (3) 전력 (4) 농지 (5) 노인 (6) 남산
(7) 오후 (8) 하산 (9) 세상 (10) 답지 (11) 생명 (12) 교기
(13) 휴학 (14) 실내 (15) 학교 (16) 문답 (17) 동명
(18) 토지 (19) 외출 (20) 시간 (21) 백방 (22) 지명
(23) 유명 (24) 여왕 (25) 평안 (26) 기력 (27) 자연
(28) 노소 (29) 동리 (30) 북해 (31) 주소 (32) 동해
(33) 가운데 중 (34) 겨울 동 (35) 흙 토 (36) 온전 전
(37) 말씀 어 (38) 손 수 (39) 종이 지 (40) 날 일 (41) 적을 소
(42) 수레 거/수레 차 (43) 인간 세 (44) 먼저 선 (45) 살 주
(46) 장인 공 (47) 여섯 륙 (48) 꽃 화 (49) 안 내 (50) 내 천
(51) 올 래 (52) 사이 간 (53) 바르고 곧음 (54) 이름난 산
(55) ⑥ (56) ④ (57) ⑩ (58) ① (59) ⑦ (60) ② (61) ⑧
(62) ③ (63) ⑤ (64) ⑨ (65) ④ (66) ① (67) ① (68) ③
(69) 2 (70) ③

■ 제10회 한자능력검정시험 정답

(1) 노인 (2) 가문 (3) 대도 (4) 왕립 (5) 동서 (6) 동물
(7) 매일 (8) 부정 (9) 오후 (10) 좌우 (11) 외식 (12) 불편
(13) 장자 (14) 서해 (15) 등장 (16) 입구 (17) 공군 (18) 전동
(19) 생명 (20) 구월 (21) 형제 (22) 소심 (23) 문답
(24) 시간 (25) 전기 (26) 중립 (27) 국기 (28) 사방
(29) 주상 (30) 노년 (31) 만물 (32) 산수 (33) 길 도/말할 도
(34) 스스로 자 (35) 입 구 (36) 달 월 (37) 학교 교
(38) 지아비 부 (39) 곧을 직 (40) 해 년 (41) 마을 리
(42) 심을 식 (43) 오를 등 (44) 낮 면 (45) 저자 시 (46) 일 사
(47) 수풀 림 (48) 메 산 (49) 먹을 식/밥 식 (50) 아래 하
(51) 마을 촌 (52) 일백 백 (53) 하늘과 땅 (54) 손과 발
(55) ⑤ (56) ④ (57) ⑩ (58) ① (59) ⑨ (60) ② (61) ⑥
(62) ③ (63) ⑦ (64) ⑧ (65) ③ (66) ⑥ (67) ④ (68) ②
(69) 2 (70) ②

사단법인 한국어문회 · 한국한자능력검정회　　　0 7 1

수험번호 □□□ - □□ - □□□□　　　성명 □□□□□

주민등록번호 □□□□□□ - □□□□□□□

※유성싸인펜. 붉은색 필기구 사용 불가.

※답안지는 컴퓨터로 처리되므로 구기거나 더럽히지 마시고, 정답 칸 안에만 쓰십시오.
　글씨가 채점란으로 들어오면 오답처리가 됩니다.

전국한자능력검정시험 7급 답안지(1)

답 안 란		채 점 란		답 안 란		채 점 란		답 안 란		채 점 란	
번호	정 답	1검	2검	번호	정 답	1검	2검	번호	정 답	1검	2검
1				12				23			
2				13				24			
3				14				25			
4				15				26			
5				16				27			
6				17				28			
7				18				29			
8				19				30			
9				20				31			
10				21				32			
11				22				33			

감독위원	채점위원(1)		채점위원(2)		채점위원(3)	
(서명)	(득점)	(서명)	(득점)	(서명)	(득점)	(서명)

※ 뒷면으로 이어짐

사단법인 한국어문회 · 한국한자능력검정회   0 7 2

※ 본 답안지는 컴퓨터로 처리되므로 구기거나 더럽히지 않도록 조심하시고 글씨를 칸 안에 또박또박 쓰십시오.

전국한자능력검정시험 7급 답안지(2)

번호	정답	1검	2검	번호	정답	1검	2검	번호	정답	1검	2검
답안란		채점란		답안란		채점란		답안란		채점란	
34				47				60			
35				48				61			
36				49				62			
37				50				63			
38				51				64			
39				52				65			
40				53				66			
41				54				67			
42				55				68			
43				56				69			
44				57				70			
45				58							
46				59							

사단법인 한국어문회 · 한국한자능력검정회　　　0 7 1

수험번호 □□□－□□－□□□□　　　성명 □□□□□

주민등록번호 □□□□□□－□□□□□□□

※유성싸인펜, 붉은색 필기구 사용 불가.

※답안지는 컴퓨터로 처리되므로 구기거나 더럽히지 마시고, 정답 칸 안에만 쓰십시오.
　글씨가 채점란으로 들어오면 오답처리가 됩니다.

전국한자능력검정시험 7급 답안지(1)

답 안 란		채 점 란		답 안 란		채 점 란		답 안 란		채 점 란	
번호	정 답	1검	2검	번호	정 답	1검	2검	번호	정 답	1검	2검
1				12				23			
2				13				24			
3				14				25			
4				15				26			
5				16				27			
6				17				28			
7				18				29			
8				19				30			
9				20				31			
10				21				32			
11				22				33			

감 독 위 원	채 점 위 원 (1)		채 점 위 원 (2)		채 점 위 원 (3)	
(서명)	(득점)	(서명)	(득점)	(서명)	(득점)	(서명)

※ 뒷면으로 이어짐

사단법인 한국어문회 · 한국한자능력검정회 　　　　0 7 2

※ 본 답안지는 컴퓨터로 처리되므로 구기거나 더럽히지 않도록 조심하시고 글씨를 칸 안에 또박또박 쓰십시오.

전국한자능력검정시험 7급 답안지(2)

번호	정 답	1검	2검	번호	정 답	1검	2검	번호	정 답	1검	2검
34				47				60			
35				48				61			
36				49				62			
37				50				63			
38				51				64			
39				52				65			
40				53				66			
41				54				67			
42				55				68			
43				56				69			
44				57				70			
45				58							
46				59							

사단법인 한국어문회 · 한국한자능력검정회　　　0 7 1

수험번호 □□□-□□-□□□□　　　성명 □□□□□

주민등록번호 □□□□□□-□□□□□□□

※유성싸인펜, 붉은색 필기구 사용 불가.

※답안지는 컴퓨터로 처리되므로 구기거나 더럽히지 마시고, 정답 칸 안에만 쓰십시오.
　글씨가 채점란으로 들어오면 오답처리가 됩니다.

전국한자능력검정시험 7급 답안지(1)

답 안 란		채 점 란		답 안 란		채 점 란		답 안 란		채 점 란	
번호	정 답	1검	2검	번호	정 답	1검	2검	번호	정 답	1검	2검
1				12				23			
2				13				24			
3				14				25			
4				15				26			
5				16				27			
6				17				28			
7				18				29			
8				19				30			
9				20				31			
10				21				32			
11				22				33			

감 독 위 원	채 점 위 원 (1)		채 점 위 원 (2)		채 점 위 원 (3)	
(서명)	(득점)	(서명)	(득점)	(서명)	(득점)	(서명)

※ 뒷면으로 이어짐

사단법인 한국어문회 · 한국한자능력검정회　　0 7 2

※ 본 답안지는 컴퓨터로 처리되므로 구기거나 더럽히지 않도록 조심하시고 글씨를 칸 안에 또박또박 쓰십시오.

전국한자능력검정시험 7급 답안지(2)

번호	정 답	1검	2검	번호	정 답	1검	2검	번호	정 답	1검	2검
34				47				60			
35				48				61			
36				49				62			
37				50				63			
38				51				64			
39				52				65			
40				53				66			
41				54				67			
42				55				68			
43				56				69			
44				57				70			
45				58							
46				59							

사단법인 한국어문회 · 한국한자능력검정회　　0 7 1

수험번호 □□□ - □□ - □□□□　　성명 □□□□□

주민등록번호 □□□□□□ - □□□□□□□

※유성싸인펜, 붉은색 필기구 사용 불가.

※답안지는 컴퓨터로 처리되므로 구기거나 더럽히지 마시고, 정답 칸 안에만 쓰십시오.
　글씨가 채점란으로 들어오면 오답처리가 됩니다.

전국한자능력검정시험 7급 답안지(1)

답 안 란		채 점 란		답 안 란		채 점 란		답 안 란		채 점 란	
번호	정 답	1검	2검	번호	정 답	1검	2검	번호	정 답	1검	2검
1				12				23			
2				13				24			
3				14				25			
4				15				26			
5				16				27			
6				17				28			
7				18				29			
8				19				30			
9				20				31			
10				21				32			
11				22				33			

감독위원	채점위원(1)		채점위원(2)		채점위원(3)	
(서명)	(득점)	(서명)	(득점)	(서명)	(득점)	(서명)

※ 뒷면으로 이어짐

사단법인 한국어문회 · 한국한자능력검정회   0 7 2

※ 본 답안지는 컴퓨터로 처리되므로 구기거나 더럽히지 않도록 조심하시고 글씨를 칸 안에 또박또박 쓰십시오.

전국한자능력검정시험 7급 답안지(2)

답 안 란		채 점 란		답 안 란		채 점 란		답 안 란		채 점 란	
번호	정 답	1검	2검	번호	정 답	1검	2검	번호	정 답	1검	2검
34				47				60			
35				48				61			
36				49				62			
37				50				63			
38				51				64			
39				52				65			
40				53				66			
41				54				67			
42				55				68			
43				56				69			
44				57				70			
45				58							
46				59							

사단법인 한국어문회 · 한국한자능력검정회   0 7 1

수험번호 □□□ - □□ - □□□□   성명 □□□□□

주민등록번호 □□□□□□ - □□□□□□□

※유성싸인펜, 붉은색 필기구 사용 불가.

※답안지는 컴퓨터로 처리되므로 구기거나 더럽히지 마시고, 정답 칸 안에만 쓰십시오.
　글씨가 채점란으로 들어오면 오답처리가 됩니다.

전국한자능력검정시험 7급 답안지(1)

번호	답안란 정답	채점란 1검	2검	번호	답안란 정답	채점란 1검	2검	번호	답안란 정답	채점란 1검	2검
1				12				23			
2				13				24			
3				14				25			
4				15				26			
5				16				27			
6				17				28			
7				18				29			
8				19				30			
9				20				31			
10				21				32			
11				22				33			

감독위원	채점위원(1)		채점위원(2)		채점위원(3)	
(서명)	(득점)	(서명)	(득점)	(서명)	(득점)	(서명)

※ 뒷면으로 이어짐

사단법인 한국어문회 · 한국한자능력검정회　　　　　　　　　0 7 2

※ 본 답안지는 컴퓨터로 처리되므로 구기거나 더럽히지 않도록 조심하시고 글씨를 칸 안에 또박또박 쓰십시오.

전국한자능력검정시험 7급 답안지(2)

답 안 란		채 점 란		답 안 란		채 점 란		답 안 란		채 점 란	
번호	정 답	1검	2검	번호	정 답	1검	2검	번호	정 답	1검	2검
34				47				60			
35				48				61			
36				49				62			
37				50				63			
38				51				64			
39				52				65			
40				53				66			
41				54				67			
42				55				68			
43				56				69			
44				57				70			
45				58							
46				59							

사단법인 한국어문회 · 한국한자능력검정회   0 7 1

수험번호 □□□ - □□ - □□□□   성명 □□□□□

주민등록번호 □□□□□□ - □□□□□□□

※유성싸인펜, 붉은색 필기구 사용 불가.

※답안지는 컴퓨터로 처리되므로 구기거나 더럽히지 마시고, 정답 칸 안에만 쓰십시오.
 글씨가 채점란으로 들어오면 오답처리가 됩니다.

전국한자능력검정시험 7급 답안지(1)

답 안 란		채 점 란		답 안 란		채 점 란		답 안 란		채 점 란	
번호	정 답	1검	2검	번호	정 답	1검	2검	번호	정 답	1검	2검
1				12				23			
2				13				24			
3				14				25			
4				15				26			
5				16				27			
6				17				28			
7				18				29			
8				19				30			
9				20				31			
10				21				32			
11				22				33			

감 독 위 원	채 점 위 원 (1)		채 점 위 원 (2)		채 점 위 원 (3)	
(서명)	(득점)	(서명)	(득점)	(서명)	(득점)	(서명)

※ 뒷면으로 이어짐

전국한자능력검정시험 7급 답안지(2)

※ 본 답안지는 컴퓨터로 처리되므로 구기거나 더럽히지 않도록 조심하시고 글씨를 칸 안에 또박또박 쓰십시오.

번호	정 답	1검	2검	번호	정 답	1검	2검	번호	정 답	1검	2검
34				47				60			
35				48				61			
36				49				62			
37				50				63			
38				51				64			
39				52				65			
40				53				66			
41				54				67			
42				55				68			
43				56				69			
44				57				70			
45				58							
46				59							

전국한자능력검정시험 7급 답안지(2)

사단법인 한국어문회 · 한국한자능력검정회　　　0 7 1

수험번호 □□□ - □□ - □□□□　　　성명 □□□□□

주민등록번호 □□□□□□ - □□□□□□□

※유성싸인펜, 붉은색 필기구 사용 불가.

※답안지는 컴퓨터로 처리되므로 구기거나 더럽히지 마시고, 정답 칸 안에만 쓰십시오.
　글씨가 채점란으로 들어오면 오답처리가 됩니다.

전국한자능력검정시험 7급 답안지(1)

번호	정답	1검	2검	번호	정답	1검	2검	번호	정답	1검	2검
답안란		채점란		답안란		채점란		답안란		채점란	
1				12				23			
2				13				24			
3				14				25			
4				15				26			
5				16				27			
6				17				28			
7				18				29			
8				19				30			
9				20				31			
10				21				32			
11				22				33			

감독위원	채점위원(1)		채점위원(2)		채점위원(3)	
(서명)	(득점)	(서명)	(득점)	(서명)	(득점)	(서명)

※ 뒷면으로 이어짐

※ 본 답안지는 컴퓨터로 처리되므로 구기거나 더럽히지 않도록 조심하시고 글씨를 칸 안에 또박또박 쓰십시오.

전국한자능력검정시험 7급 답안지(2)

번호	정 답	1검	2검	번호	정 답	1검	2검	번호	정 답	1검	2검
34				47				60			
35				48				61			
36				49				62			
37				50				63			
38				51				64			
39				52				65			
40				53				66			
41				54				67			
42				55				68			
43				56				69			
44				57				70			
45				58							
46				59							

사단법인 한국어문회 · 한국한자능력검정회　　　0 7 1

수험번호 □□□ – □□ – □□□□　　　성명 □□□□□

주민등록번호 □□□□□□ – □□□□□□□

※유성싸인펜, 붉은색 필기구 사용 불가.

※답안지는 컴퓨터로 처리되므로 구기거나 더럽히지 마시고, 정답 칸 안에만 쓰십시오.
　글씨가 채점란으로 들어오면 오답처리가 됩니다.

전국한자능력검정시험 7급 답안지(1)

답 안 란		채 점 란		답 안 란		채 점 란		답 안 란		채 점 란	
번호	정 답	1검	2검	번호	정 답	1검	2검	번호	정 답	1검	2검
1				12				23			
2				13				24			
3				14				25			
4				15				26			
5				16				27			
6				17				28			
7				18				29			
8				19				30			
9				20				31			
10				21				32			
11				22				33			

감 독 위 원	채 점 위 원 (1)		채 점 위 원 (2)		채 점 위 원 (3)	
(서명)	(득점)	(서명)	(득점)	(서명)	(득점)	(서명)

※ 뒷면으로 이어짐

사단법인 한국어문회 · 한국한자능력검정회 　　　　　　0 7 2

※ 본 답안지는 컴퓨터로 처리되므로 구기거나 더럽히지 않도록 조심하시고 글씨를 칸 안에 또박또박 쓰십시오.

전국한자능력검정시험 7급 답안지(2)

번호	정답	1검	2검	번호	정답	1검	2검	번호	정답	1검	2검
34				47				60			
35				48				61			
36				49				62			
37				50				63			
38				51				64			
39				52				65			
40				53				66			
41				54				67			
42				55				68			
43				56				69			
44				57				70			
45				58							
46				59							

위 표의 머리글: 답 안 란 (번호 / 정 답), 채 점 란 (1검 / 2검) — 각 열 그룹 반복

사단법인 한국어문회 · 한국한자능력검정회　　071

수험번호 □□□ - □□ - □□□□　　　성명 □□□□□□

주민등록번호 □□□□□□ - □□□□□□□

※유성싸인펜, 붉은색 필기구 사용 불가.

※답안지는 컴퓨터로 처리되므로 구기거나 더럽히지 마시고, 정답 칸 안에만 쓰십시오.
글씨가 채점란으로 들어오면 오답처리가 됩니다.

전국한자능력검정시험 7급 답안지(1)

번호	정 답	1검	2검	번호	정 답	1검	2검	번호	정 답	1검	2검
1				12				23			
2				13				24			
3				14				25			
4				15				26			
5				16				27			
6				17				28			
7				18				29			
8				19				30			
9				20				31			
10				21				32			
11				22				33			

감독위원	채점위원(1)		채점위원(2)		채점위원(3)	
(서명)	(득점)	(서명)	(득점)	(서명)	(득점)	(서명)

※ 뒷면으로 이어짐

※ 본 답안지는 컴퓨터로 처리되므로 구기거나 더럽히지 않도록 조심하시고 글씨를 칸 안에 또박또박 쓰십시오.

전국한자능력검정시험 7급 답안지(2)

답 안 란		채 점 란		답 안 란		채 점 란		답 안 란		채 점 란	
번호	정 답	1검	2검	번호	정 답	1검	2검	번호	정 답	1검	2검
34				47				60			
35				48				61			
36				49				62			
37				50				63			
38				51				64			
39				52				65			
40				53				66			
41				54				67			
42				55				68			
43				56				69			
44				57				70			
45				58							
46				59							

0 7 1

수험번호 □□□ - □□ - □□□□　　성명 □□□□□

주민등록번호 □□□□□□ - □□□□□□□

※유성싸인펜, 붉은색 필기구 사용 불가.

※답안지는 컴퓨터로 처리되므로 구기거나 더럽히지 마시고, 정답 칸 안에만 쓰십시오.
　글씨가 채점란으로 들어오면 오답처리가 됩니다.

전국한자능력검정시험 7급 답안지(1)

답 안 란		채 점 란		답 안 란		채 점 란		답 안 란		채 점 란	
번호	정 답	1검	2검	번호	정 답	1검	2검	번호	정 답	1검	2검
1				12				23			
2				13				24			
3				14				25			
4				15				26			
5				16				27			
6				17				28			
7				18				29			
8				19				30			
9				20				31			
10				21				32			
11				22				33			

감 독 위 원	채 점 위 원 (1)		채 점 위 원 (2)		채 점 위 원 (3)	
(서명)	(득점)	(서명)	(득점)	(서명)	(득점)	(서명)
					※유성싸인펜, 붉은색 필기구 사용 불가.	

※ 뒷면으로 이어짐

※ 본 답안지는 컴퓨터로 처리되므로 구기거나 더럽히지 않도록 조심하시고 글씨를 칸 안에 또박또박 쓰십시오.

전국한자능력검정시험 7급 답안지(2)

답 안 란		채 점 란		답 안 란		채 점 란		답 안 란		채 점 란	
번호	정 답	1검	2검	번호	정 답	1검	2검	번호	정 답	1검	2검
34				47				60			
35				48				61			
36				49				62			
37				50				63			
38				51				64			
39				52				65			
40				53				66			
41				54				67			
42				55				68			
43				56				69			
44				57				70			
45				58							
46				59							